Rosemary Sassoon / Patricia Lovett

**Kreatives
und spielerisches
Gestalten
mit Buchstaben**

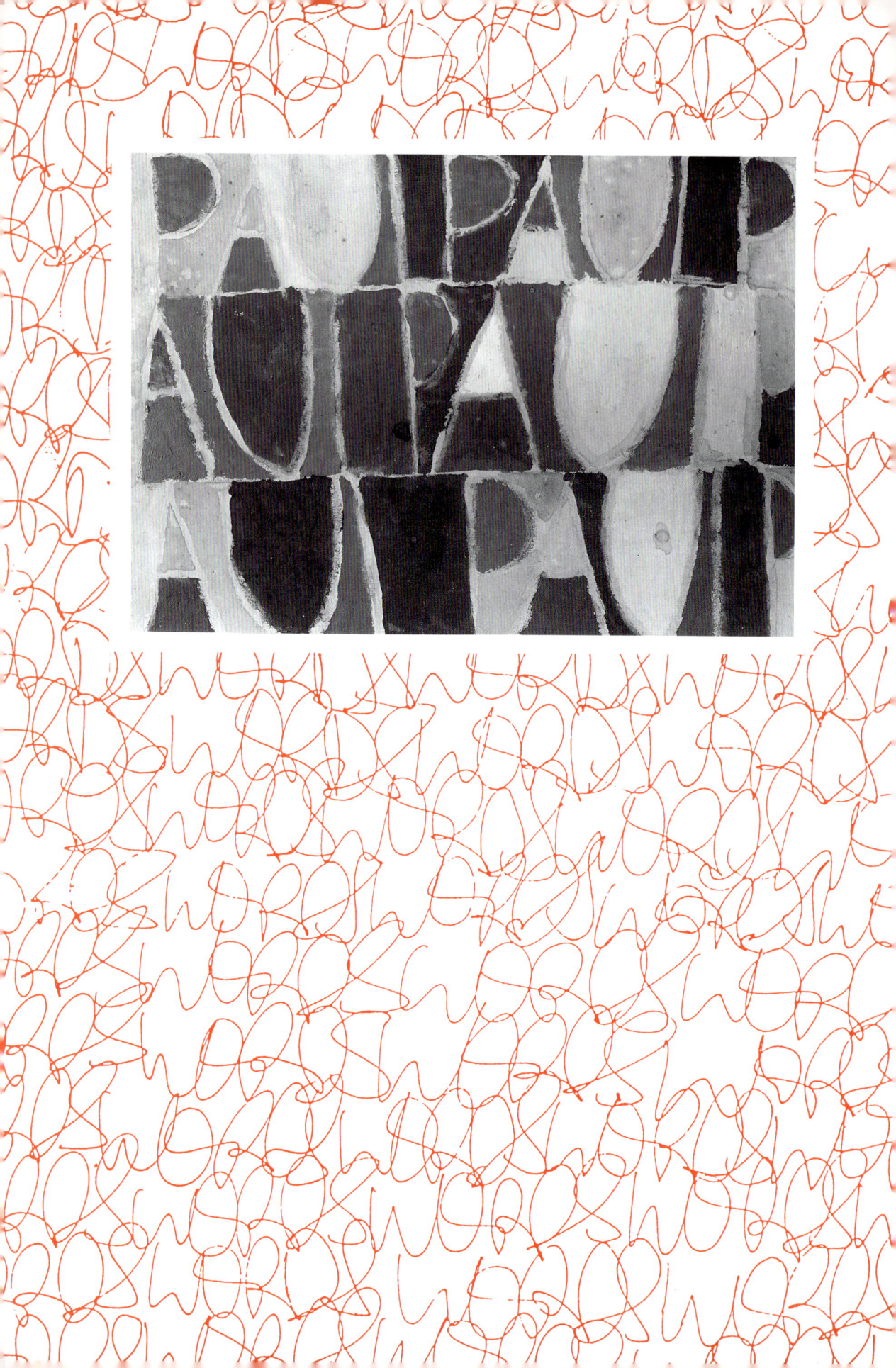

Rosemary Sassoon
Patricia Lovett

Kreatives und spielerisches Gestalten mit Buchstaben

Praktische Anleitungen
für Lehrende und
Lernende, Eltern
und therapeutisch Tätige

Verlag Paul Haupt Bern · Stuttgart · Wien

Auf dem Umschlag: Teil eines Originalentwurfs des neunjährigen Paul, der mit den Buchstaben seines Namens ein sich wiederholendes Muster schuf.

Titel der englischen Originalausgabe:
Creating Letterforms
von Rosemary Sassoon und Patricia Lovett
Copyright © 1992 by Thames and Hudson Ltd, London

Aus dem Englischen übersetzt von Werner Hiltbrunner, CH-Bern

Die Deutsche Bibliothek – CIP-Einheitsaufnahme

Sassoon, Rosemary:
Kreatives und spielerisches Gestalten mit Buchstaben :
praktische Anleitungen für Lehrende und Lernende, Eltern und
therapeutisch Tätige / Rosemary Sassoon ; Patricia Lovett. [Aus
dem Engl. übers. von Werner Hiltbrunner]. – Bern; Stuttgart;
Wien : Haupt, 1993
   Einheitssacht.: Creating letterforms <dt.>
   ISBN 3-258-04708-1
NE: Lovett, Patricia:

Inhalt

Dank 6
Vorwort der Autorinnen 7

Patricia Lovett   **Schriftformen entdecken** 9
Materialien und deren Verwendung 10
Fünf klassische Alphabete 30
Gestaltung 40

Rosemary Sassoon   **Kalligraphie als Unterrichtsfach** 47
Einführung 48
Werkzeuge, Stimmungen, Effekte 50
Monogramme 58
Alphabete entwerfen 62
Kalligraphie in der Schule 70
Das Alphabet zum Leben erwecken 74
Junge Menschen und Kalligraphie 81
Kalligraphie als Therapie 90
Kalligraphie im Studium 94

Dank

Die Illustrationen in diesem Buch enthalten Beispiele von Arbeiten vieler Personen, von Lehrkräften wie von Schülerinnen und Schülern, und wir möchten ihnen an dieser Stelle unseren Dank für ihre Beiträge aussprechen.

Peter Halliday und David Holgate beschrieben bereitwillig ihre Erfahrungen in der Förderung des Unterrichts in Schriftgestaltung an Schulen und Kollegien. Maria Quiroz und Phil Baines schrieben über ihre Projekte, welche Teil der Ausstellung «Geist des Buchstabens» des Crafts Council (Kunsthandwerkerverband) waren, und wir sind Susie O'Rilly vom Crafts Council ebenso dankbar: Sie unterstützte während dieser Ausstellung und auch im Anschluss daran unsere Arbeit sehr grosszügig.

Dank gebührt auch unseren Schülern, die nicht namentlich aufgeführt sind. Ihre Ideen und Begeisterung halfen mit, unsere Unterrichtsmethoden über all die Jahre zu entwickeln. Wir dürfen auch die jüngeren Mitglieder der Familie Lovett, Emma und Sophie, nicht vergessen, welchen die Rolle williger Versuchskaninchen zufiel und die recht viele Beispiele ihrer eigenen Arbeiten für die Illustrationen lieferten.

Ein besonderer Dank geht an all jene, die zum zweiten Teil des Buches beitrugen. Ihre Arbeiten erscheinen auf den Seiten, die im folgenden aufgelistet sind:

Paul Green-Armytage und den Studierenden der Gestaltungsschule der Curtin-Universität für Technologie, Perth, Westaustralien: Seiten 49–53 und 96; Charles Creighton und einigen der Absolventen der Sommerschule in Esperance, Westaustralien: Seiten 50, 54, 57, 64 und 65; dem Lehrkörper und den Schülern der Amherst County Primarschule, Kent: Seiten 47, 78–80, Frontispiz und Einband; Howard Macpherson und den Schülern der Underdale-Schule, Adelaide, Südaustralien: Seite 90; dem Lehrkörper und den Schülern der Mengham Mittelschule, Hayling Island, Hampshire und Jackie Wadlow vom Porthsmouth Museum: Seiten 88 und 89; den Studierenden des St. Vincent Sixth Form College, Gosport, Porthsmouth: Seiten 91–93; Lynn Gash vom Schlossmuseum, Norwich und John-Mark Zywko für sein preisgekröntes Werk «Leim», auf Seite 52 wiedergegeben; den Studierenden der John Taylor High School, Staffordshire: Seiten 82–87; den Studierenden der Abteilung Kunst und Gestaltung, Suffolk College, Ipswich: Seiten 94 und 95; Philippa Matthews: Seite 71.

Vorwort der Autorinnen

Dieses Buch will ein Leitfaden für den Unterricht in Schriftgestaltung sein. Es kann von Lehrkräften wie auch von Lernenden jeden Alters verwendet werden. Für eine Lehrkraft ist es keine schwierige Aufgabe, das Interesse junger Leute für Buchstaben zu wecken, denen sie täglich in allen Lebenslagen begegnen. Wir zeigen verschiedene Möglichkeiten dazu auf und möchten, dass insbesondere Schulkinder ihren eigenen Weg zur Schriftausbildung wählen. Manche mögen wünschen, den traditionellen Weg des Kopierens einer Vorlage zu gehen; für diese werden auf den Seiten 30–39 mehrere klassische Alphabete gezeigt. Die Schülerinnen und Schüler können selber auswählen, welches sie zuerst einüben wollen. Für die abenteuerlicheren, die lieber ausbrechen, um ihre eigenen Schriftformen zu entwickeln, schlagen wir viele verlockende Ideen und Techniken vor. Frei entworfene Schriften, Pinselschriften und Buchstaben, die mit Hilfe eines Computers gezeichnet wurden, sind alles Teile der gleichen Geschichte, und sie sind ebenso wichtig wie die traditionelle Federschrift, welche die meisten Leute unter dem Begriff «Kalligraphie» verstehen.

Die Qualität der Beispiele in diesem Buch – eine Anzahl unter ihnen wurde von Kindern entworfen, die vorher keine Erfahrung in Schriftgestaltung hatten – beweisen, dass ein instinktives Gefühl für Buchstabenformen in vielen Menschen von früher Jugend an schlummert. Leider wurde in letzter Zeit die Ausbildung im Schönschreiben und der Genuss daran an Volksschulen und Gymnasien sehr stark vernachlässigt. Das Aufkommen der Textverarbeitung mit dem Computer und anderen technischen Hilfsmitteln könnte bald eine Situation schaffen, in der junge Leute nicht mehr die Notwendigkeit einsehen, Handschriften zu beherrschen. Sogar Siebenjährige werden zu Kennern im Erstellen eines Nachrichtenblattes mit Hilfe von Computern, wo auf Knopfdruck die Buchstaben am Bildschirm erscheinen. Erwachsene Schüler, die den Beruf des Graphikers gewählt haben, lassen es jetzt schon am visuellen Wahrnehmen und Unterscheiden fehlen, das nur durch Erfahrung im wirklichen «Handhaben» von Buchstaben erreicht wird.

In diesem Buch wird dargelegt, wie diese Perspektive verbessert werden kann. Zunächst ermutigt Patricia Lovett mit eigenen Vorschlägen und Ideen zum Experimentieren; sie erklärt einfache, aber wirkungsvolle Methoden, die sowohl von Kindern als auch von Erwachsenen angewandt werden können. Darauf folgt eine Einführung in die formale Schriftkunst oder Kalligraphie. Die Lesenden werden durch die verschiedenen klassischen Schriftformen geführt, sie erhalten Anweisungen, wie diese aussehen sollen und Hinweise zu ihrer Ausführung und Darstellung.

Daran anschliessend erörtert Rosemary Sassoon eingehend einige der vielen möglichen Wege, um mit verschiedenen Hilfsmitteln, einschliesslich dem Computer, ans Ziel zu gelangen. Die gezeigten Beispiele stammen von Leuten verschiedenster Altersstufen: von Studierenden der Kunst bis zu Jugendlichen, die noch zur Schule gehen. Die Schlusseiten beschäftigen sich mit dem Unterrichten der Schriftkunst an Schulen; sie enthalten auch einen Überblick, wie die Geschichte der Schrift verwendet werden kann, um das Interesse der Schüler zu wecken. Es wird auch dargelegt, wie die Kalligraphie als Prüfungsfach auf dem Gebiete der Kunst und Gestaltung herangezogen werden kann. Grundlage dazu ist die Erfahrung von Lehrkräften, die sich unter anderem dem Unterrichten von körperlich oder geistig behinderten Schülerinnen und Schülern widmen, mit denen sie zum Teil beachtenswerte Ergebnisse erreicht haben.

Ein talentierter 11-jähriger Junge wird nicht lernen, die Kalligraphie zu schätzen und sich dafür zu begeistern, wenn er Buchstaben exakt abschreiben muss. Der Junge, dessen Arbeit hier gezeigt wird, ist tatsächlich «frustriert» und wohl ganz entmutigt. Wenn aber einige seiner besten Buchstaben zu einem Wortteil zusammengezogen werden (in Originalgrösse wiedergegeben), kann man sehen, dass ihm einige davon sehr schön gelungen sind. Dieses Auswahlverfahren hilft jungen Leuten, gut und schlecht zu unterscheiden und Selbstvertrauen zu gewinnen.

Schriftformen entdecken

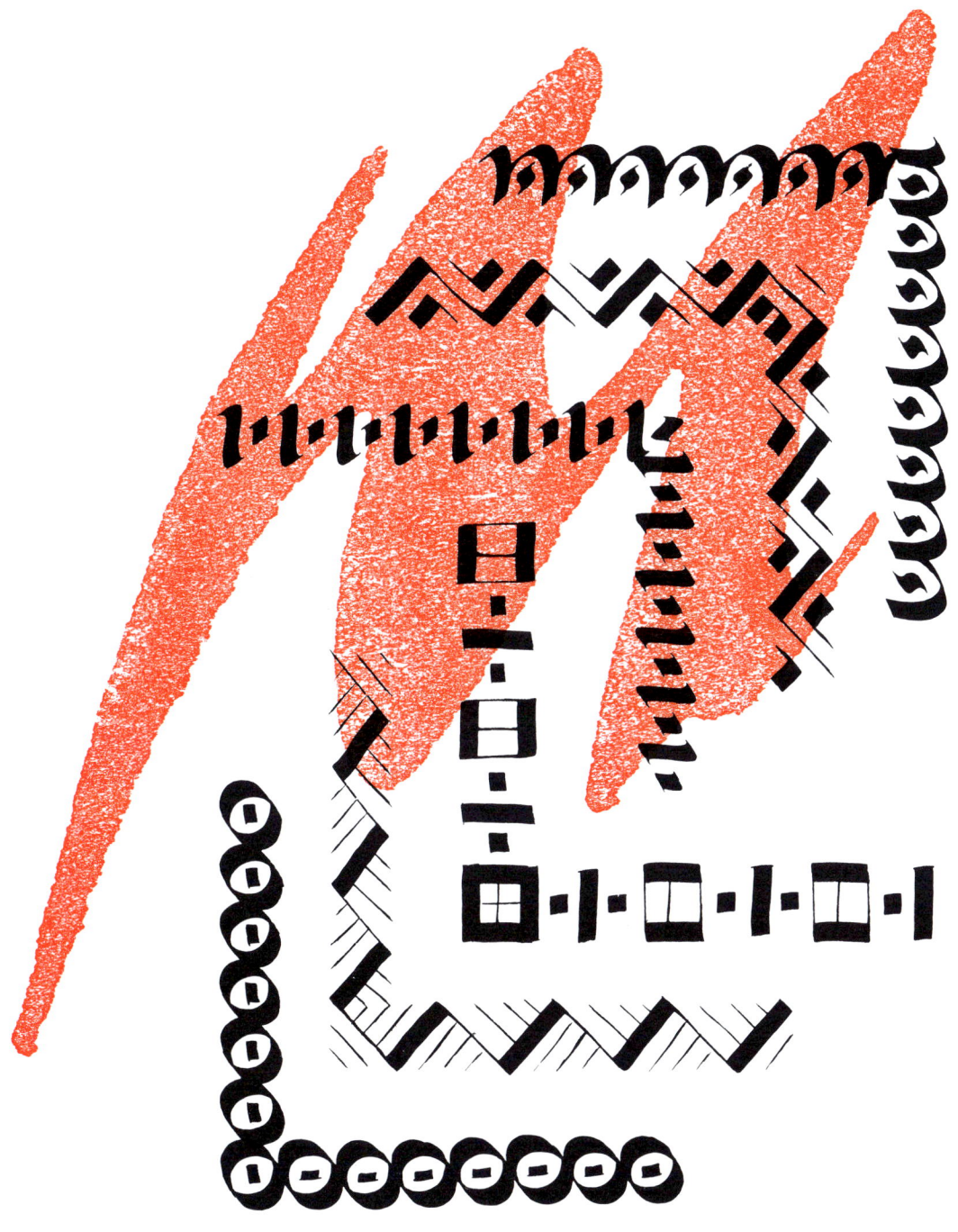

Materialien und deren Verwendung

Den Einfallsreichtum der Kinder betrachten und ihr Entzücken sehen, wenn sie ihre eigenen Buchstabenformen gestalten, ist ein wunderbares Erlebnis. Meine Erfahrung im Unterrichten von Kindern und Erwachsenen zeigte, dass es keine Feder, Tinte, Farbe und auch keinen Schreibstil gibt, welche(r) für jedermann passt. Manche mögen das Arbeiten mit einer Metallfeder und rauhem Papier, andere ziehen Federkiel und weiches Pergament vor, während wieder andere glücklich sind, mit selbstgemachten Filzschreibern und gewöhnlichem braunem Packpapier umzugehen. Etliche finden, eine Schrägschrift sei leichter zu beherrschen, vielleicht, weil diese ihrer gewöhnlichen Handschrift ähnlicher ist, während andere mit Unzial- und anderen Rundschriften besser zurechtkommen. Diese Vielfalt der Stile ist es, die ich auf den folgenden Seiten zu zeigen versuche: Es gibt viele Ideen und Vorschläge für verschiedene Schreibmethoden unter Verwendung einer Vielzahl an Materialien und ungewöhnlichen Schreibzeugen. Für diejenigen, welche die eigentliche Kalligraphie pflegen und exakter auf die Schriftformen achten wollen, werden Alphabetbeispiele gezeigt, die mit wasserhaltiger Tinte geschrieben wurden, so dass die Konstruktion jedes Buchstabens klar erkennbar ist. Schliesslich folgen Ideen für die praktische Anwendung der Kalligraphie.

Freiraum für die Phantasie

Tun Sie, was Ihnen zusagt

Bevor Sie damit beginnen, im Detail auf die Buchstabenformen zu achten, können Sie versuchen, Ihre eigenen Ideen zu skizzieren. Probieren macht Spass. Emma, elfjährig, probierte ihre Schrift mit einem Stück Balsaholz, das sie in Tinte tauchte. Als ihr ein «m» gefiel, probierte sie, ihren Namen zu schreiben.

Doppelt sehen

Die Verwendung von doppelten Bleistiften oder Federn ist ein guter Weg, um mit Kalligraphie oder Schriftmalen zu beginnen, weil damit die Formen der Buchstaben deutlich zu sehen sind. Zwei Bleistifte oder Federn werden fest zusammengebunden. Abdeckband oder Gummibänder sind dazu am besten geeignet.

Rechtshänder sollten die Bleistifte so zusammenbinden.

Linkshänder sollten die Bleistifte so zusammenbinden.

Das Kombinieren eines dicken und eines dünnen Stiftes oder von verschiedenen Farbstiften bewirkt interessante Effekte.

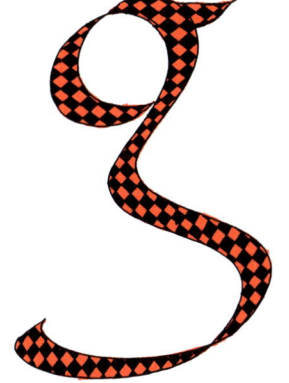

Wenn die Umrisse gezeichnet sind, können Muster und Farben als Dekoration eingefügt werden.

Die zehnjährige Sophie arbeitete an diesen Buchstaben mit zwei durch Abdeckband zusammengeklebten Stiften. Als sie mit den Formen zufrieden war, zeichnete sie Weihnachtsmuster hinein und machte eine Glückwunschkarte.

Papierreste verwenden

Papierreste verschiedener Struktur und Farbe können auf zwei Arten verwendet werden: Entweder als Fläche, um darauf zu schreiben, wie auf dieser Seite zu sehen ist, oder als zurecht-gerissene Formen, die mit darauf gemalten Buchstaben zusammengestellt werden, oder sie selber werden zu Buchstaben kombiniert.

Um diese Karte anzufertigen, wurden Papierstreifen aus dem Abfallkübel gerettet. Die Streifen wurden auf einen dunkleren Karton geklebt und auf jedes Stück ein Buchstabe geschrieben.

Ein Abfallstück handgeschöpften Papiers mit einer originellen Abreisskante wurde zu einer ungewöhnlichen Dankeskarte. Die Papieroberfläche war rauh, so dass die Buchstaben ausgebrochen und uneben wirken.

Ein zehnjähriges Mädchen entschloss sich zu einer nützlichen Verwendung von Papier, das es in kleine Stücke zerrissen hatte. Mit einem Klebestift klebte es die Fetzchen so auf eine Karte, dass daraus ein «T» wurde. Einige davon fielen ab und mussten einzeln wieder angeklebt werden, damit die Form so entstand, wie es diese haben wollte.

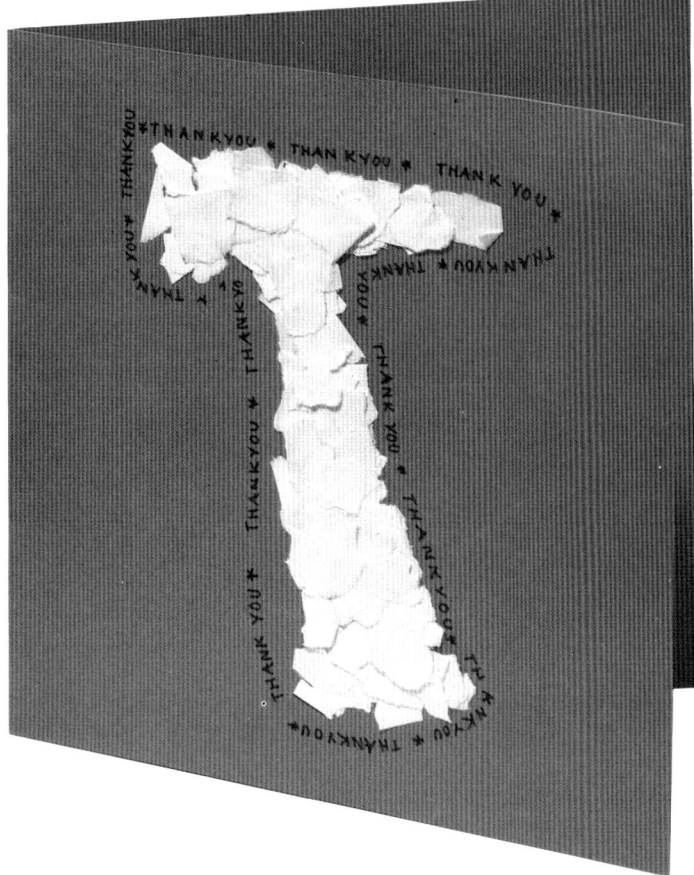

Anna rettete ein Stück Fotokopierpapier und entschloss sich, damit eine Notiz an ihre Schlafzimmertüre zu heften. Es war schwierig, die Buchstaben aus der Blattmitte herauszureissen, darum verwendete sie einen sauberen Malpinsel und Wasser, um die Buchstaben auf das Papier zu «malen». Als das eingedrungene Wasser das Papier aufgeweicht hatte, konnte dieses mühelos gerissen werden. Wenn die benetzte Fläche zu lange liegenbleibt, muss sie erneut befeuchtet werden. Versuchen Sie diese Methode immer, wenn Sie eine bestimmte Form aus einem Blatt herausreissen wollen.

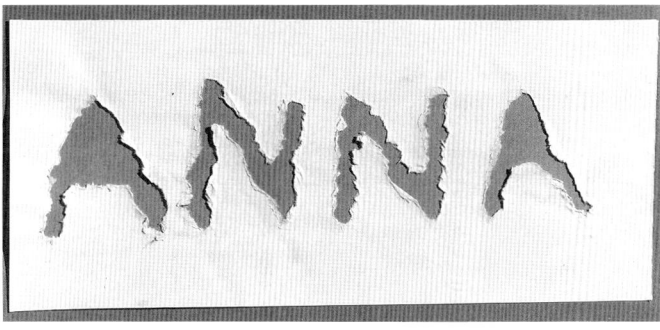

Dieser Papierstreifen wurde von einem grossen Arbeitsblatt unten abgeschnitten. Er schien zu gut, um weggeworfen zu werden, und wurde zu einem zickzack-gefalteten «Danke».

Behalten Sie eine Schachtel oder einen grossen Umschlag, um darin Papierreste aufzubewahren, die für Arbeiten wie diese gebraucht werden können.

Zerknülltes Papier

Seidenpapier, weiss oder gefärbt, kann als Hintergrund, als Flächenmuster oder zum Formen origineller Buchstaben gebraucht werden.

Zerknülltes Seidenpapier oder ein Stück Haushaltpapier, in Farbe oder Tinte getaucht, ergibt ein ungewöhnliches Hintergrundmuster, wenn es auf ein Stück Karton oder eine Karte aufgezogen wird. Mit der gleichen Methode kann auch ein vollflächiges Muster für ein Einwickelpapier erzeugt werden.

Für diese Karte wurde mit einem grossen Malpinsel, der in wässerige Farbe getaucht war, eine Lache erzeugt, die mit Abdeckfolie zugedeckt wurde, bis sie beinahe eingetrocknet war. Nach dem vollständigen Trocknen wurde auf das entstandene Muster geschrieben.

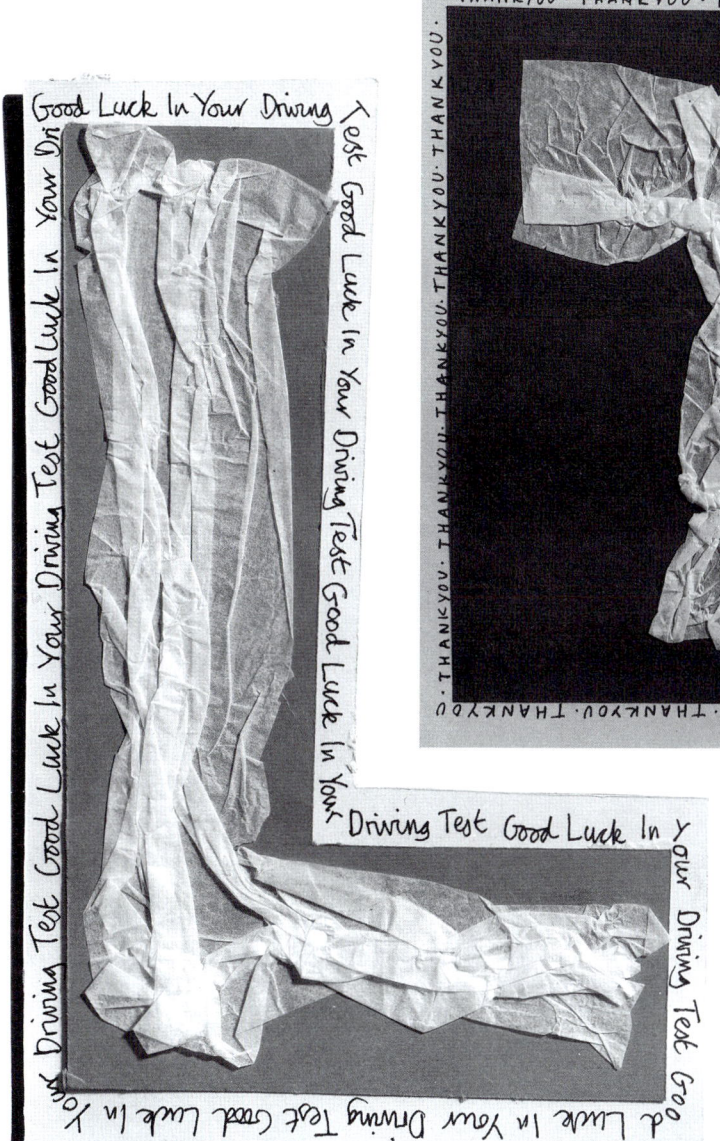

Von diesen zwei Karten wurde die eine von einer erwachsenen Person, die andere von einem Kind hergestellt. Ein grosser Buchstabe wurde aus Seidenpapier herausgeschnitten. Dann wurde mit einem Klebstift eine kleinere Buchstabenform auf die Karte geschrieben, das Seidenpapier zerknüllt und aufgeklebt. Die Karte wurde auf ein Stück aus hellerem Karton geklebt und die Mitteilung in fortlaufendem Text auf den Rand geschrieben.

Seidenpapier oder Haushaltpapier kann auch zum Schreiben verwendet werden! Fest zerknüllen, ein Ende in Tinte tauchen und schreiben.

15

Ausgeschnittene Buchstaben

Buchstaben, die mit einem Messer aus dünnem Karton oder steifem Papier ausgeschnitten wurden, zeigen typische scharfe Umrisslinien. Aus solchen können interessante Gebilde zum Aufstellen entstehen.

Diese Karte für «Dad» wurde aus einem A4-Karton ausgeschnitten, ohne die Buchstaben vorher zu schreiben.

Die Gratulation für Sophie wurde von einem Zwölfjährigen angefertigt. Dazu wurde ein A4-Karton dreimal gefaltet. Die Buchstaben wurden aus der einen Seite ausgeschnitten und der Glückwunsch wurde auf eine andere Seite geschrieben. Die dritte Seite wurde in der Mitte gefaltet, wie die Abbildung zeigt, so dass das Ganze in einen normalen Umschlag passte. Ein Beispiel mit ausgeschnittenen Buchstaben, die auf einen andersfarbigen Karton geklebt wurden, ist rechts zu sehen.

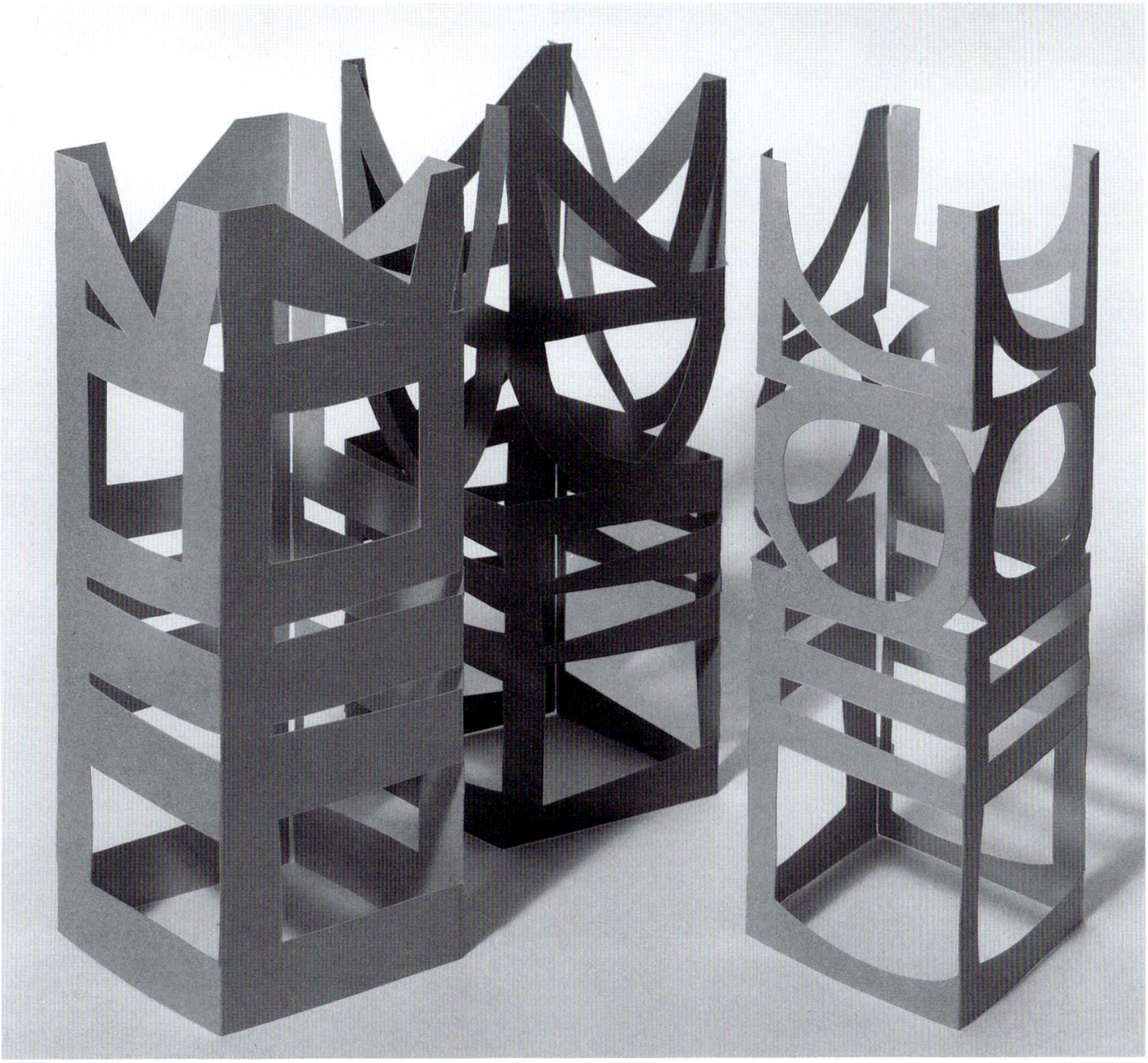

Aus roten und grünen A4-Kartons wurde je viermal das Wort «NOEL» (Weihnachten) ausgeschnitten, dann die Kartons viermal gefaltet. Die innere Form der Buchstaben ist ebenso wichtig wie die Buchstabenform selbst. In jedem der drei Besipiele ist das «O» verschieden, dies wirkt sich auf das Aussehen des ganzen Wortes aus. Nach dem Zusammenkleben der Ecken wurden die Dekorationen an den Weihnachtsbaum gehänqt.

Geprägte Buchstaben

Ein Messer kann man auch für das Prägen von Buchstaben gebrauchen, indem man damit über die Oberfläche reibt, und ebenso für das Einkerben oder Einpressen von Buchstaben, die in die Papieroberfläche eingetieft werden. Schreibmaschinen- oder Kopierpapier ist dazu am besten geeignet; aber auch stärkeres Papier oder sogar dünner Karton kann verwendet werden.

Zuerst skizzieren. In diesem Beispiel wurde ein Doppelbleistift verwendet.

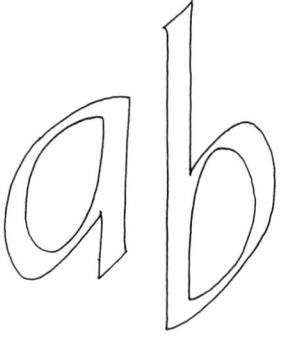

Die dünnsten Linien verbreitern, damit sie besser ausgeschnitten werden können.

Die Formen auf die Karte pausen, darauf achten, dass sie in Spiegelschrift stehen.

Die Buchstaben mit einer scharfen Klinge aus dem Karton schneiden und sie beiseite legen (sie können noch gebraucht werden, um eingepresste, d. h. vertiefte Buchstaben zu erzeugen). Die Karte mit den ausgeschnittenen Buchstabenformen auf einen Karton mit einer Kontrastfarbe so aufkleben, dass die Buchstaben genau dort sind, wo man sie haben will.

Die Buchstaben von der Rückseite her in das Papier einprägen ohne dass Ausrutscher oder Risse entstehen. Dazu verwendet man das Ende eines Malpinsels, ein Modellierwerkzeug, die Ecke eines Kunststofflineals, einen metallenen Löffelstiel oder einen Achat-Polierstein.

Ausgeschnittene Buchstaben können auch zum Buchstaben-Rubbeln verwendet werden. Hiezu müssen die Buchstaben nicht in Spiegelschrift unter das Blatt gelegt werden.

Der ausgeschnittene Buchstabe

Für diesen Buchdeckel wurden die Buchstaben in Papier geprägt und dieses hinter einer ausgerissenen Öffnung des Deckels angeordnet. Die Schlusseite wurde mit dem gleichen Muster ganzseitig verziert.

Ein geprägtes Monogramm, von einem Dreizehnjährigen geschaffen für einen Briefkopf.

Schutzschichten

Diese schützen die Oberfläche des Papiers vor Tinte oder Farbe, und sie sind nützlich beim Arbeiten mit weissem oder hell gefärbtem Papier, wenn helle Schriften auf Plakaten oder anderem Ausstellungsmaterial gestaltet werden sollen. Hier drei Möglichkeiten, Schutzschichten zu verwenden:

 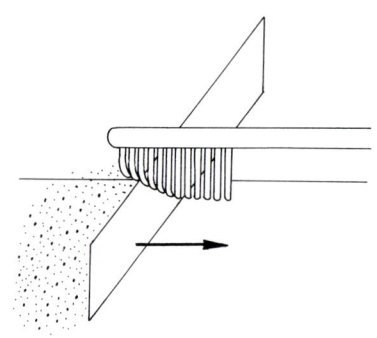

Abdeckband: Einfache Buchstabenformen können durch Aufkleben von selbstklebendem Abdeckband auf Papier oder Karton gestaltet werden. Mit einem Schwamm wird rings um die Buchstaben das Blatt eingefärbt. Nach dem Trocknen werden die Klebestreifen entfernt. Man kann das Blatt auch mit einem zerknüllten Stück Seiden- oder Haushaltpapier, das eingetaucht wurde, einfärben; dies ergibt eine gefälliges Muster. Ferner kann man auch eine ziemlich trockene Farbe mit einem groben Pinsel auftragen. Eine weitere Möglichkeit: Eine alte Zahnbürste in die Farbe tauchen, den Überschuss abstreifen, dann mittels eines Lineals oder Fingers durch Bewegen in Pfeilrichtung Farbspritzer erzeugen (umgekehrt wäre sehr schlecht!).

Wachskerze: Dieses Wort wurde mit einer gewöhnlichen Haushaltskerze geschrieben. Das spitze Ende wurde abgeschnitten, dann wurde sie keilförmig so zugeschnitten, dass eine Form entstand, mit der sich gut schreiben liess. Nach dem Schreiben wurde wässerige Farbe mit einem breiten, weichen Pinsel aufgetragen. Aber auch jede oben angegebene Methode wäre dazu geeignet.

Bevor die Abdeckmasse entfernt wurde.

Abdeckmasse: Das ist eine Gummilösung, die in Kunstwarenhandlungen und einigen Schreibwarenhandlungen verkauft wird. Sie ist klebrig; feine Pinsel werden durch sie leicht zerstört, deshalb muss man damit vorsichtig umgehen. Diese Buchstaben wurden mit einer Bambusfeder mit Gummilösung geschrieben. Nach dem Trocknen wird die Papierfläche mit Tinte oder Farbe nach einer der genannten Methoden eingefärbt. Wenn die Farbe trocken ist, wird die Abdeckmasse mit einem Finger oder weichen Radiergummi sorgfältig weggerubbelt.

Buchstaben aus lauter geraden Linien

 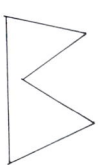 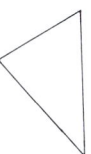 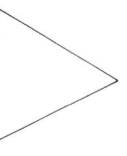 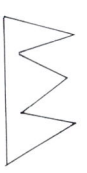 

Schablonen und Linolschnitte

Die Verwendung von Schablonen oder Linolschnitten erlaubt, den gleichen Buchstaben so oft als gewünscht zu wiederholen. Für Schablonen braucht man dicken Karton (die Flächen von starken Kartonschachteln können nützlich sein), aber das Schneiden runder Formen kann schwierig sein. Probieren Sie deshalb ein Alphabet, das nur aus geraden Linien besteht. Beim Ausschneiden immer daran denken, eine Schneidematte oder einen Karton zu unterlegen!

Diese Buchstaben, die auf Initialen aus dem 13. und 14. Jahrhundert zurückgehen, wurden aus Linoleum ausgeschnitten. Sie können z. B. als Monogramme oder in Briefköpfen Verwendung finden.

Gummistempel

Das Verwenden eines Satzes von Gummistempeln ist ein einfacher und nützlicher Weg zum Drucken von Buchstaben und Formen in mancherlei Kombinationen und Farben. Jeder gewöhnliche weiche Radiergummi ist geeignet, um daraus einen Gummistempel für jeden Buchstaben so anzufertigen, wie hier gezeigt wird:

 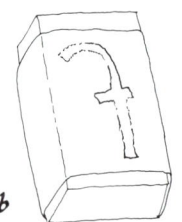  

a) Den Buchstaben so auf Pauspapier zeichnen, dass er auf der Fläche des Radiergummis Platz hat. b) Die Skizze auf den Gummi übertragen (er muss in Spiegelschrift darauf stehen). c) Nun wird die Umrisslinie des Buchstabens mit einer scharfen Klinge, die senkrecht gehalten wird, eingeschnitten. Genügend tief, aber nicht durch den ganzen Gummi hindurch und nicht unter den Buchstaben schneiden. d) Wenn ringsum eingeschnitten ist, wird sorgfältig die übrige Fläche abgetragen, aber so, dass noch genug Gummi übrigbleibt,um ihn gut halten zu können.

Zur Herstellung eines Stempelkissens kann ein Stück gefaltetes Haushalt- oder Seidenpapier genommen werden, das mit Tinte oder Farbe angefeuchtet wird. Zwei oder mehr Farben auf dem gleichen Kissen geben einen scheckigen Abdruck. Falls zuerst kein sauberer Abdruck entsteht, muss etwas mehr von der Gummifläche abgetragen werden.

So gut wie Druckbuchstaben können auch Muster wie die hier gezeigten erzeugt werden. Sie stammen von einem elfjährigen Mädchen, das nichts als ein «L» dazu verwendete. Auf diese Weise können sowohl Blumenmuster für ein Einwickelpapier als auch persönliche Anhängezettelchen für Geschenke gedruckt werden. Emma entschied sich zur Anfertigung eines Pinguins auf ihrem Gummistempel, den sie auf ihren Briefsachen verwendete.

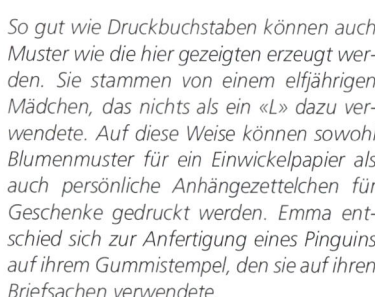

Emma benutzte ihren Pinguinstempel auch für fortlaufende Muster und für dekorative Anfangsbuchstaben.

Nachdem einige Gummistempel mit einfachen Formen dalagen, war es interessant zu entdecken, wie durch Kombination und Wiederholen weniger Formen ein komplettes Alphabet dargestellt werden konnte. Eine Gruppe von Zehnjährigen diskutierte, welche Formen dazu nötig sind: Nur ein grosser Kreis, ein kleiner Kreis, ein Rechteck und ein Dreieck waren erforderlich.

Andere, etwa ein «Z», verlangten etwas Denkarbeit.

Manche Buchstaben kamen leicht zustande, während andere eine sorgfältige Konstruktion erforderten.

Federn

Die meisten Leute verbinden den Begriff «Kalligraphie» mit Tauchfedern der einen oder andern Sorte, aber es gibt viele andere Möglichkeiten. Dazu gehören auch Stäbchen von Eislutschern, Zweige vom Garten und eine Vielfalt von leicht zu beschaffenden Materialien, die in die richtige Form geschnitten werden können.

Nach gründlichem Waschen kann ein Eislutscherstäbchen als Schreibzeug dienen, nachdem ein Ende mit einem scharfen Messer quer abgeschnitten und abgeschrägt wurde. Diese «Feder» wird in wässerige Tinte oder Farbe getaucht.

Balsaholz gibt eine gute «Feder», wenn ein Ende keilförmig zugeschnitten wird.

Polystyrolschaum kann als Feder für grosse Buchstaben auf Plakaten verwendet werden. Ein Schaumblock wird mit einem scharfen Messer durch sägende Bewegungen zerteilt und an einem Ende keilförmig zugeschnitten. Mit diesem Ende wird geschrieben. Sollen Buchstaben mit sauberen Umrissen entstehen, schneidet man an der Schreibkante ein schmales Stück sauber und gerade ab.

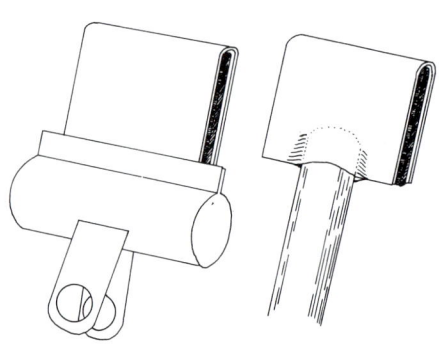 

Selbstgemachte Filzstifte können interessante Ergebnisse liefern. Dazu wickelt man ein Stück Filz um ein rechteckiges Stück Balsaholz. Dieses kann mit einer starken Klammer gehalten werden, oder man kann es an einem hölzernen Griff befestigen.

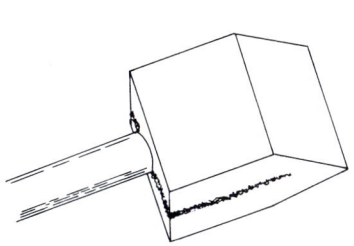

Schaumgummi ist ebenfalls ein Material, das genügend Tinte aufnimmt. Versuchen Sie, einen ziemlich festen, feinporigen Schaumgummi zu finden. Dieser kann keilförmig zugeschnitten werden, wenn er steif genug ist. Wenn er etwas zu weich ist, kann man ihn falten und mit einem geeigneten Kleber zusammenkleben. Nach dem Trocknen des Klebers kann man das Stück wie abgebildet keilförmig zuschneiden. Der Schaumgummi kann zum bequemen Gebrauch z. B. an einem Federhalter befestigt werden.

Eine Bambusfeder schneiden

1. An dem von einem Knoten entfernten Ende das Stäbchen mit einem starken Messer in einem Schrägschnitt abschneiden.

2. Das Mark herauskratzen.

3. Das Stäbchen mit dem Schrägschnitt nach unten auf eine Schneidematte oder auf alte Kartonabschnitte legen und einen Schnitt in viel kleinerem Winkel legen, um die Federspitze abzuschrägen.

4. Die Federspitze auf die passende Breite zuschneiden.

5. Das Stäbchen mit der abgeschrägten Seite nach oben auf eine flache Unterlage legen und einen oder zwei Schlitze ca. 1–1.5 cm längs zum Holz schneiden. Die Schlitze ermöglichen das Fliessen der Tinte. Die Anzahl Schlitze hängt von der Federbreite ab; breite Federn verlangen einen zusätzlichen Schlitz.

6. Das Stäbchen wird schliesslich etwas aufgerichtet und mit einem gezielten Schnitt die Federkante geradegeschnitten.

Diese Feder muss viel Tinte aufnehmen, damit sie gut schreibt, deshalb wählt man am besten eine wässerige Tinte.

Eine ähnliche Schneidetechnik wird auch zum Zuschneiden von Federkielen und Schilfrohr angewandt.

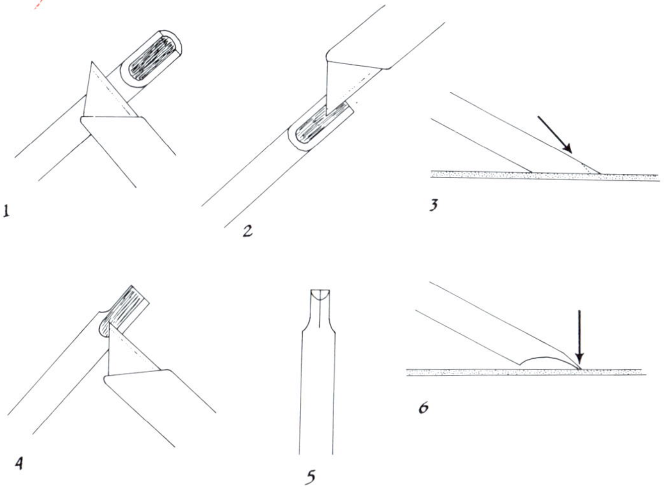

Stäbchen und Zweige aus Wald und Garten oder getrocknete Pflanzenstengel können abgebrochen oder ausgerissen werden, um Schreibwerkzeuge anzufertigen, die besondere Effekte ergeben.

Bambusfedern sind seit Jahrhunderten im Gebrauch. Dünne Bambussstäbchen (wie im Garten verwendet) schneidet man etwa 25–30 cm lang, dies gibt gute Federn.Es mag etwas Mühe kosten, bis man eine gute Bambusfeder zustandebringt, aber sie lohnt sich. Röhrchen aus Kunststoff kann man ebenfalls auf diese Weise zurichten und verwenden.

25

Federn, Tusche ...

Es sind verschiedene Breitfedersorten erhältlich; sie eignen sich alle für die Kalligraphie. Am einfachsten im Gebrauch sind vielleicht die kalligraphischen Filzschreiber; aber oft geben sie nicht schöne Buchstabenränder, weil sie die Form verlieren, und sie können für längeren Gebrauch nicht nachgefüllt werden; auch ist die Anzahl erhältlicher Breiten beschränkt.

Kalligraphischer Filzschreiber

Ein kalligraphischer Füller gibt schärfere Schrift, er kann nachgefüllt werden und kann verschiedene Farben an Füllertinte aufnehmen; aber es gibt sie nicht in vielen Breitenstufen.

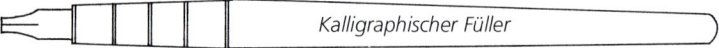

Kalligraphischer Füller

Geradegeschnittene Federn werden von Rechtshändern verwendet.

Linksabgeschrägte Federn sind für Linkshänder.

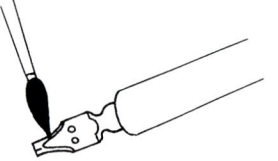

Die besten Ergebnisse erhält man mit den altbekannten Tauchfedern mit einer Vielzahl an Breiten. Die Stahlfedern passen in die meisten Federhalter, und man erhält sie in praktisch allen Kunstmaterialhandlungen. Sie sind ausgerüstet mit einem Tuschereservoir über oder unterhalb der Feder, das man mit einem Pinsel füllt. Wird die Feder eingetaucht, sind die Ergebnisse vielleicht nicht so erfreulich, weil die Tinte ausfliesst. Tauchfedern können oft in Packungen zu zehn Stück zusammen mit Überfedern und Federhaltern gekauft werden. Anfänger können meist mit breiteren Federn besser umgehen. Tusche für Füller ist normalerweise zu dünn für den Gebrauch mit Tauchfedern; jedoch ist sie für kalligraphische Füller die geeignetste Schreibflüssigkeit. Für Tauchfedern sind die nicht wasserfesten Tuschen am besten. Davon ist eine Vielzahl im Handel erhältlich. Wasserfeste Tuschen enthalten etwas Schellack, der aushärtet und die Federspitze verkrustet; diese sollten nicht verwendet werden.

Für farbige Arbeiten versuchen Sie Gouache (Plakatfarbe), diese ist gut deckend und kann mit Wasser verdünnt werden, bis sie flüssig genug ist, um damit zu schreiben. Wird diese Farbe aber zu stark verdünnt, sieht die Schrift zu wässerig aus, ist sie zu dick, fliesst sie nicht genügend aus der Feder. Gouache sollte nicht in Füllern verwenden, sie verstopft die engen Kanäle.

Federspitzen, Überfedern und Pinsel müssen nach Gebrauch immer gründlich gewaschen und getrocknet werden.

und Papier

Für die Kalligraphie eignet sich beinahe jedes Papier. Für viele Beispiele, die diesen Teil des Buches illustrieren, wurde gewöhnliches Photokopierpapier oder Papier von einem Schreibblock verwendet. Für grosse Schriften, zum Skizzieren, oder zum Arbeiten mit Gummistempeln, Matrizen oder Linolschnitten, eignet sich eine grosse Rolle einfaches Papier (z. B. Packpapier, Tapete). Dieses ist sparsam, weil man davon jede beliebige Länge abschneiden kann. Für feinere Arbeiten ist ein Block Zeichenpapier empfehlenswert, besonders wenn dieses ein wenig transparent ist. Dieses Papier kann auf gut gelungene Buchstaben einer Übung gelegt werden, um diese durchzupausen. Manche Kalligraphen benutzen sogar braunes Packpapier. Halbkarton bietet eine schöne Oberfläche; auch einige Sorten Aquarellpapier sind für die Kalligraphie geeignet, aber man sollte immer zuerst die Oberfläche ausprobieren.

Die Papierstruktur beeinflusst das Aussehen der Buchstaben.

Geglättetes Papier – dieses wurde bei der Herstellung zwischen heissen Walzen geglättet und heisst «geglättetes» oder «kalandriertes Papier».

Papier mit einer gewissen Oberflächenrauhigkeit – nicht kalandriertes Papier.

Rohpapier mit einer sehr rauhen, oft etwas faserigen Oberfläche.

Ausrüstung

Die meisten Kalligraphen benutzen eine schräggestellte Arbeitsfläche. Die Schrägstellung ermöglicht eine natürlichere Körperhaltung beim Schreiben und gestattet ein besseres Regulieren des Tintenflusses. Man braucht kein teures Zeichenbrett zu kaufen. Ein Holzbrett mit Scharnier oder ein Brett, das man auf Bücher aufstützt, oder sogar ein grosses Servierbrett ist alles, was man braucht. Die meisten stellen ihr Brett in einen Winkel von 45 °.

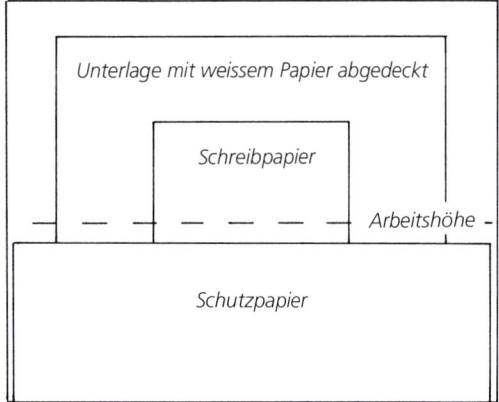

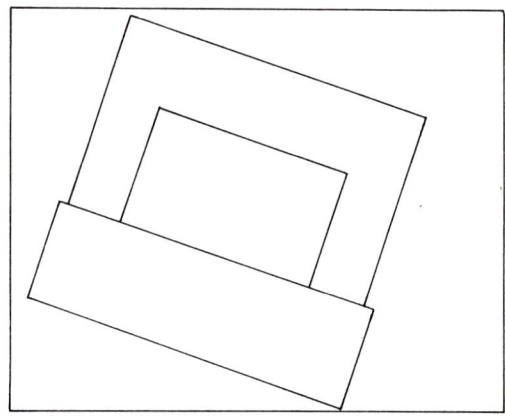

Für Linkshänder kann das Brett entweder gleich gestellt werden wie für Rechtshänder (oben links), wobei die Hand beim Schreiben nach links abgedreht werden muss, um den richtigen Winkel zu bekommmen, oder das Papierblatt kann auf einen Winkel von etwa 25 ° gedreht werden (oben rechts).

Ein paar Lagen weisses Löschpapier oder einige Zeitungsblätter, die mit weissem Papier abgedeckt werden, auf dem Brett fixiert, geben eine Unterlage, auf der sich gut schreiben lässt. Ein grosses Stück Papier (z. B. von einer Rolle Schrankpapier), gefalzt und auf das Brett geheftet, schützt nicht nur das darunterliegende Schreibpapier vor Schmutz oder Fett der Hände, sondern man kann damit auch das Schreibblatt auf dem Brett hinauf und hinab verschieben, ohne dieses mit Reisszwecken auf dem Brett zu fixieren. Die Höhe des Arbeitsblattes wird immer so eingestellt, dass fortwährend auf der bequemsten Höhe gearbeitet werden kann.

Ein einfacher und schneller Weg, den Zeilenabstand anzuzeigen: Für jede Zeile werden auf einem Blatt Papier zwei Bleistiftmarkierungen für die x-Höhe angebracht und diese als Führung über das ganze Blatt benutzt.

Die Höhe der Buchstaben, bekannt als x-Höhe (oder die Höhe des kleinen «x») wird in Federbreiten gemessen. Die Anzahl Federbreiten beeinflusst das Aussehen der Buchstaben, wie in den Beispielen mit 3, 5 und 7 Federbreiten gezeigt wird. Die richtige Anzahl Federbreiten wird auf den folgenden Seiten bei jedem Musteralphabet angegeben.

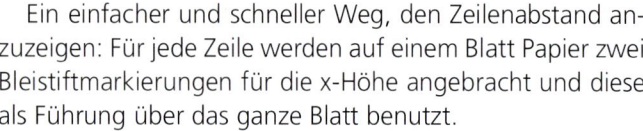

Ein Stechzirkel kann auch benutzt werden, um die Zeilenabstände zu markieren.

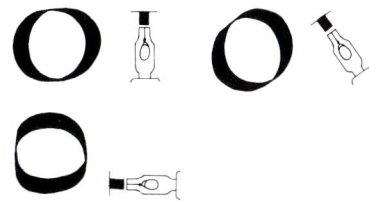

Beachten Sie, wie das Aussehen der Buchstaben sich ändert, insbesondere des Innenraumes, wenn der Schreibwinkel der Feder verändert wird. Die Schreibkante der Feder muss also richtig eingestellt sein. Die passenden Schreibwinkel für die verschiedenen Alphabete sind auf den folgenden Seiten angegeben.

Zwischenräume

Die Wortzwischenräume sehen am besten aus, wenn man zwischen ihnen eine so grosse Lücke frei lässt, wie ein «o» des betreffenden Alphabetes beansprucht.

Die Buchstabenabstände sollen gleichmässig aussehen. Die Zwischenräume sollen etwa gleich gross sein wie ihre Innenräume. Dies sieht man schön beim Wort «minimum».

Ornamente mit der Feder

Das Zeichnen von Mustern mit breiten Federn ist eine gute Übung, um die Feder immer im gleichen Winkel zu führen und um gleichmässige Formen zu erhalten.

Das Zeichnen einfacher sich wiederholender Formen ist eine nützliche Einführung in die Grundelemente der Alphabete auf den folgenden Seiten. Solche Muster können auch als Randverzierungen um eine kalligraphische Arbeit benutzt werden. Um sicher zu sein, dass die Formen regelmässig und gerade verlaufen, kann man sie zwischen zwei parallel verlaufenden Linien anbringen und den Platzbedarf jedes Abschnittes ausmessen.

Fünf klassische Alphabete

Die fünf Alphabete, die auf den folgenden Seiten dargestellt sind, wurden historischen Originalhandschriften, die von der Römischen Zeit bis zur Renaissance im 16. Jahrhundert entwickelt worden sind, nachgebildet. Obwohl alle Alphabetmuster der historischen Originalschrift nachgebildet sind, erlauben sie dennoch Schriftformen, die heute gebraucht werden, sei es, um das Schreibgefühl von damals zu vermitteln, oder um mit ihnen zu experimentieren.

Die x-Höhe beträgt 3½ Federbreiten, der Schreibwinkel 20°.

  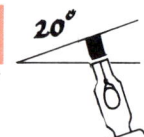

Unziale

Die Unziale wurde von den Schreibern etwa von 400 bis 700 n. Chr. verwendet. Man kann sie in den Handschriften jener Zeit sehen, wie z. B. im Evangeliar von St. Cuthbert (Stonyhurst). Für jeden Buchstaben wird gezeigt, wie die Striche am besten zu ziehen sind.

Weil dieses Alphabet keine Grossbuchstaben kennt, kann man die Anfangsbuchstaben etwas grösser, eventuell mit einer etwas breiteren Feder, schreiben oder mittels Farbe hervorheben.

unzialen sind buchstaben,
die grosszügig gestaltet
sein wollen. sie dürfen
nicht eingeengt werden.

31

Versalien

Die Versalien sind elegante Grossbuchstaben, die für Überschriften und als Anfangsbuchstaben (Initialen) verwendet werden können. Sie haben ihren Ursprung in den römischen Inschriften in Stein. Sie werden mit verschiedenen Federstrichen in zwei verschiedenen Schreibwinkeln konstruiert, um dicke und dünne Linien zu bekommen. Wenn Linkshänder mit andern Alphabeten Mühe haben werden, so sind die Versalien für sie gleich schwierig wie für Rechtshänder.

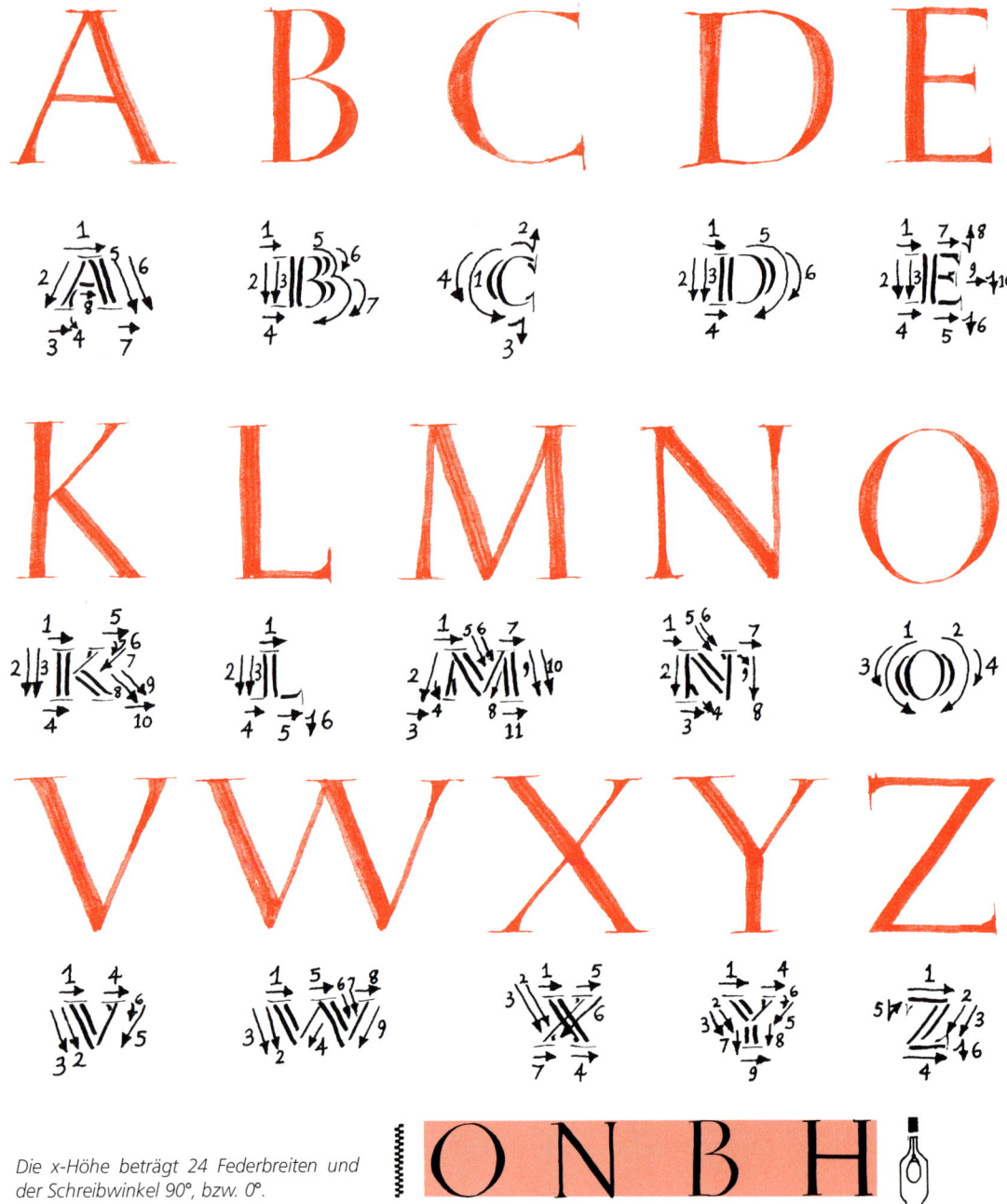

Die x-Höhe beträgt 24 Federbreiten und der Schreibwinkel 90°, bzw. 0°.

HEADING

Die ovale Form des «O» gibt die Form für C, D, G und Q.

F G H I J

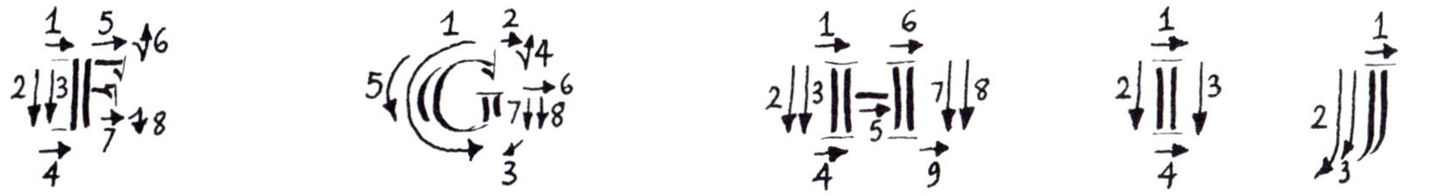

P Q R S T U

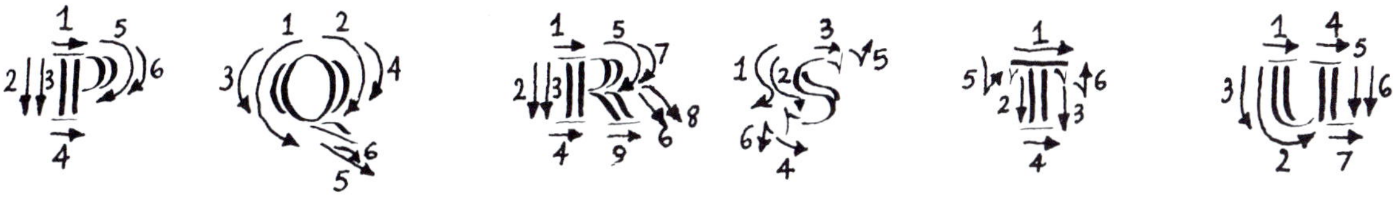

V ersalien wirken besonders effektvoll
als Anfangsbuchstaben eines Satzes.

S ie sollten breiter als die restliche Schrift
sein und etwas abgerückt werden.

*Die Versalien eignen sich für dekorative
Zwecke und zur Mitverwendung einer
zweiten Farbe.*

Rundschrift

Sie ist eine der elegantesten Schrifttypen. Ein charakteristisches Beispiel ihrer Anwendung ist in der Winchester-Bibel zu sehen. Sie wurde im 10. Jahrhundert geschrieben (jetzt ist sie in der Winchester Kathdrale ausgestellt). Diese Schrift wurde vom berühmten Kalligraphen Edward Johnston (1872–1944) als Basis für seine «Foundational Hand» («Gründerschrift») herangezogen. Die Methoden, die zur Formung dieser Buchstaben benutzt werden, sind auch für viele andere Schriften geeignet.

Die x-Höhe beträgt 4½ Federbreiten; für die Ober- und Unterlängen etwa 7 Federbreiten. Der Schreibwinkel liegt bei 30°

A B C D E F G H I J K L M N O P Q R S T U V W X Y Z

Die Grossbuchstaben sind eine Spur weniger hoch als die Oberlängen, also etwa 7 Federbreiten.

Die Rundschrift macht einen feierlichen und bedeutsamen Eindruck und eignet sich für Poesie, Prosa, Zertifikate und Urkunden.

*Für diese Linie einen flacheren Schreibwin-kel wählen, damit sie nicht zu dünn wird.

Die Rotunda beruht auf einem runden «o», das die Grundform für alle ähnlichen Buchstaben bildet.

Gotische Schrift

Die gotische Textura war vom 12. bis 15. Jahrhundert in Gebrauch für Bücher und Dokumente. Sie wurde 1450 vom deutschen Drucker Johannes Gutenberg für die ersten beweglichen Typen übernommen. Eine ganze Textseite ergibt den Eindruck einer dichtgedrängten Schrift (einem Gewebe ähnlich), die unter Umständen etwas schwer zu lesen ist.

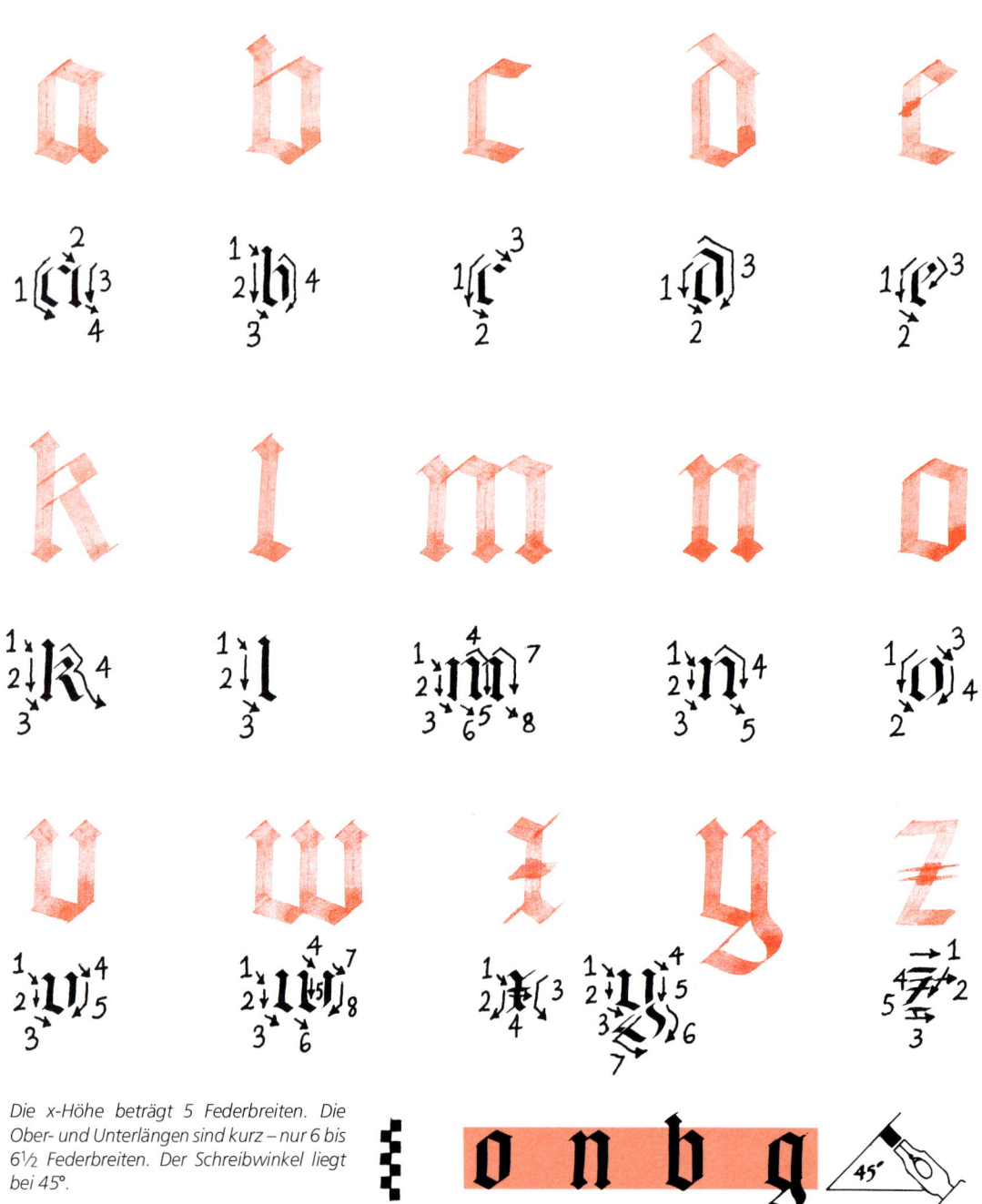

Die x-Höhe beträgt 5 Federbreiten. Die Ober- und Unterlängen sind kurz – nur 6 bis 6½ Federbreiten. Der Schreibwinkel liegt bei 45°.

ABCDEFGHIJKLM
NOPQRSTUVWXYZ

Die Grossbuchstaben sind 7 Federbreiten hoch und sehr sorgfältig ausgearbeitet. Für Initialen sind sie sehr geeignet.

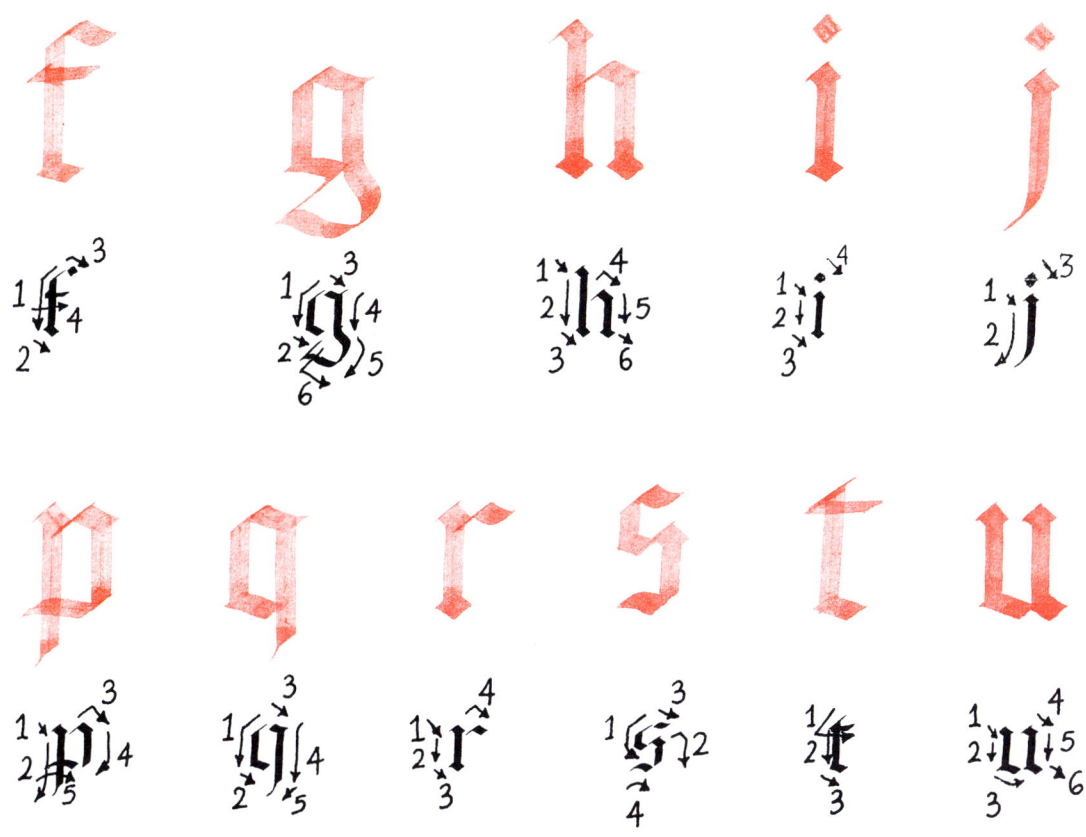

Achten Sie bei dieser Schrift auf regelmässige Zwischenräume in und zwischen den Buchstaben sowie auf möglichst gleiche Zeilenlängen.

Kursive

Dies ist die allgemeine Bezeichnung für den Schriftstil, der während der Zeit der Renaissance entwickelt wurde. Die Schrägstellung der Buchstaben beträgt 5° bis 7°. Es kann hilfreich sein, parallele Hilfslinien in dieser Schräglage zu ziehen. Das «O» ist oval und bildet die Grundform aller Buchstaben mit ähnlicher Form.

a b c d e

k l m n o

v w x y z

Die x-Höhe beträgt 5 Federbreiten, die Ober- und Unterlängen können 9 bis 10 Federbreiten erreichen. Der Schreibwinkel liegt bei 45°.

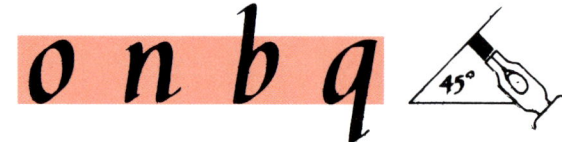

A B C D E F G H I J K L M
N O P Q R S T U V W X Y Z

Die Höhe der Grossbuchstaben beträgt 7 Federbreiten.

Die Kursive ist eine fliessende, runde Schrift. Die Buchstaben sind gleichmässig und nicht verkrampft oder spitzig auszuführen.

Beim Schreiben der Kursivschrift kann es oft besser sein, die Federspitze auf dem Papier zu halten und seltener abzuheben als bei andern Schriftstilen, um einen guten Tintenfluss zu ermöglichen.

Gestaltung

Wenn ein Text zu schreiben ist, sollen Stil und Darstellung dem Inhalt angepasst sein und es muss entschieden werden, ob der Text locker oder formal wirken soll und wie er auf der Fläche anzuordnen ist. Man beginnt mit einer groben Skizze. Die einfachste Art zu beginnen ist, jede Zeile linksbündig zu schreiben. Ein Gedicht erhält so lange Zeilen, wie dies dem Text entspricht, für Prosa wählt man sorgfältig eine geeignete Zeilenlänge aus. Die Zeilen können aber auch in zwei Textreihen (Kolumnen) angeordnet werden, dies eher bei einem längeren Text. Eine andere Möglichkeit ist, die Zeilen rechts immer gleichweit reichen («rechtsbündig») zu lassen. Schliesslich kann jede Zeile genau eingemittet werden. Für die letzten beiden Fälle schneidet man sich am besten die Textskizze in die einzelnen Zeilen und legt eine nach der andern so auf das Blatt, wie sie angeordnet werden soll. Zum Zentrieren kann man jeden Zeilenstreifen der Skizze in der Zeilenmitte falten und auf die feine Bleistift-Hilfslinie in der Blattmitte legen. Jeden Zeilenstreifen der Grobskizze kann man unmittelbar vor der Reinschrift oberhalb der Zeile mit kleinen Abdeckbandstreifchen aufkleben. Auf diese Weise werden orthographische und Zwischenraumfehler vermieden.

Verschiedene Arten, den Text darzustellen: Links ausgerichtet, zweispaltig; rechts ausgerichtet; oder jede Zeile in der Mitte.

Presented to

Barbara Joanne Crawford

on the occasion of her retirement

on the occasion of

In diesem Beispiel wurden mit dem Bleistift Hilfslinien gezogen, um eine gleichmässige Schräglage der Schrift einhalten zu können.

Vor der Entscheidung für die endgültige Textanordnung fertigt man sich eine Text-skizze an und versucht, diese auf verschiedene Weise zu plazieren, bis man die wirkungsvollste Darstellung gefunden hat.

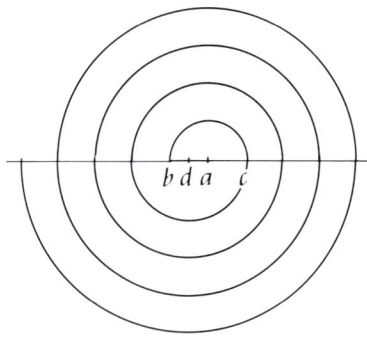

Wie eine Spirale als Hilfslinie gezeichnet wird

Man benötigt einen Massstab, einen Bleistift und einen Zirkel, um eine Serie von Halbkreisen zu ziehen, wie im Diagramm gezeigt wird.

1. *Auf das Papier oder den Karton, den man verwenden will, zieht man eine feine horizontale Hilfslinie und markiert darauf den Mittelpunkt der beabsichtigten Darstellung.*

2. *Man bestimmt den Radius des kleinsten zu ziehenden Halbkreises, sticht die Zirkelspitze bei a ein und zieht oberhalb der horizontalen Hilfslinie einen Halbkreis von b nach c.*

3. *Nun markiert man die Mitte zwischen a und b als Punkt d, dann öffnet man den Zirkel so, dass die Strecke d – c zum Radius wird und zieht mit d als Zentrum unterhalb der horizontalen Hilfslinie einen Halbkreis von c bis zur Hilfslinie. Um den besten Abstand der Punkte a und b herauszufinden, können einige Versuche notwendig sein.*

4. *Zum weiteren Ausbau der Spirale wird das Verfahren mehrfach wiederholt: zuerst den neuen Mittelpunkt bestimmen, dann einen Halbkreis einmal oberhalb und einmal unterhalb der Hilfslinie ziehen.*

Nachdem der Text fertig geschrieben ist, können die Bleistift-Hilfslinien wegradiert werden.

Einen kurzen Text im Kreis herum oder in einer Spirale anzuordnen, ist eine anspruchsvolle, aber sehr wirkungsvolle Arbeit. Immer nach ein paar wenigen Buchstaben muss man das Blatt etwas drehen, um einen gleichmässigen Winkel der Schrift einhalten zu können. Diese verzierte Weihnachtskarte wurde durch eine Anzahl konzentrisch angeordneter Kreise gestaltet; diese dienen beim Schreiben als Hilfslinien. Sie enthält Worte des schottischen Dichters William Dunbar. Der schottische Geschmack wurde durch die Verwendung von Disteln zur traditionellen Dekoration mit Stechpalmen und Weihnachtsrosen hervorgehoben. Für diese Art der Darstellung ist ein sorgfältiges Vorzeichnen mit dem Zirkel unumgänglich, damit der Text schön gleichmässig verteilt werden kann.

Glückwunschkarten und Einladungen

Wenn man selber Karten anfertigt, ist es sehr wichtig, darauf zu achten, dass sie in einen Umschlag passen. Viel besser ist es, eine Karte herzustellen, die in einen Standardumschlag passt, als eine wunderschöne Karte zu machen und nachher viel Zeit damit zu verbrauchen, um einen Umschlag zu basteln; denn der Umschlag wird ohnehin meist kurzerhand weggeworfen. Ein A4-Blatt kann zweimal gefaltet werden und lässt sich dann hoch- oder querformatig verwenden, wie hier gezeigt wird.

Man vergewissert sich, dass die Faltungen sich links und oben befinden. Die Karte wird aber erst gefaltet, nachdem Text und Verzierungen auf der Innen- wie auf der Aussenseite fertig sind. Die Verwendung eines Fotokopierers ist ein ziemlich preisgünstiger und bequemer Weg, um eine Anzahl gleich aussehender Karten herzustellen. Das Original wird mit guter schwarzer Tusche oder Gouache auf weissem Papier vorbereitet. Die Zeit lohnt sich, ein gutes Original zu schaffen. Wenn nötig, kann man Fehler und Flecken mit gut deckender weisser Korrekturfarbe oder mit Korrekturklebeband, das der Fotokopierer nicht «sieht», abdecken. Als Korrekturfarbe nimmt man am besten eine wischfeste weisse Farbe, die man mit wenig Wasser verdünnen kann. Zum Auftragen benutzt man einen Retuschierpinsel. Handelsübliche Korrekturfarben decken Fehler und Flecken auch, aber sie sind mit einem groben Pinsel bestückt, mit dem man nicht sehr exakt arbeiten kann. Ausserdem enthalten diese Farben Lösemittel, mit denen man einen feinen Pinsel leicht zerstört. Vor dem Kopieren muss man darauf achten, dass die Glasscheibe sauber ist, denn Flecken werden auf die Karte mitkopiert. Das Original kann auf passendes Papier oder einen Karton beliebiger Farbe kopiert werden.

Wenn man einen Fotokopierer für Mehrfachkopien verwendet, ist es wichtig, den Apparat möglichst rationell einzusetzen. Am besten gestaltet man das Original so, dass beim Kopieren nur ein Durchgang erforderlich ist. Bei einer Zickzackkarte beispielsweise braucht man vor dem Falzen bloss auf eine Seite zu kopieren.

Um der Karte etwas Persönliches zu verleihen, kann man z. B. auf eine Weihnachtskarte einen goldenen Stern kleben oder mittels eines Gummistempels oder einer Schablone etwas Farbkontrast geben.

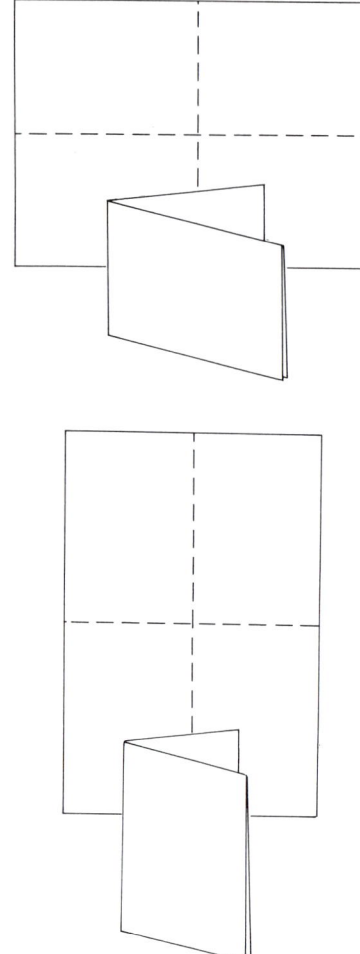

Wenn eine Karte hoch oder quer gefalzt wird, erhält sie ein anderes Aussehen.

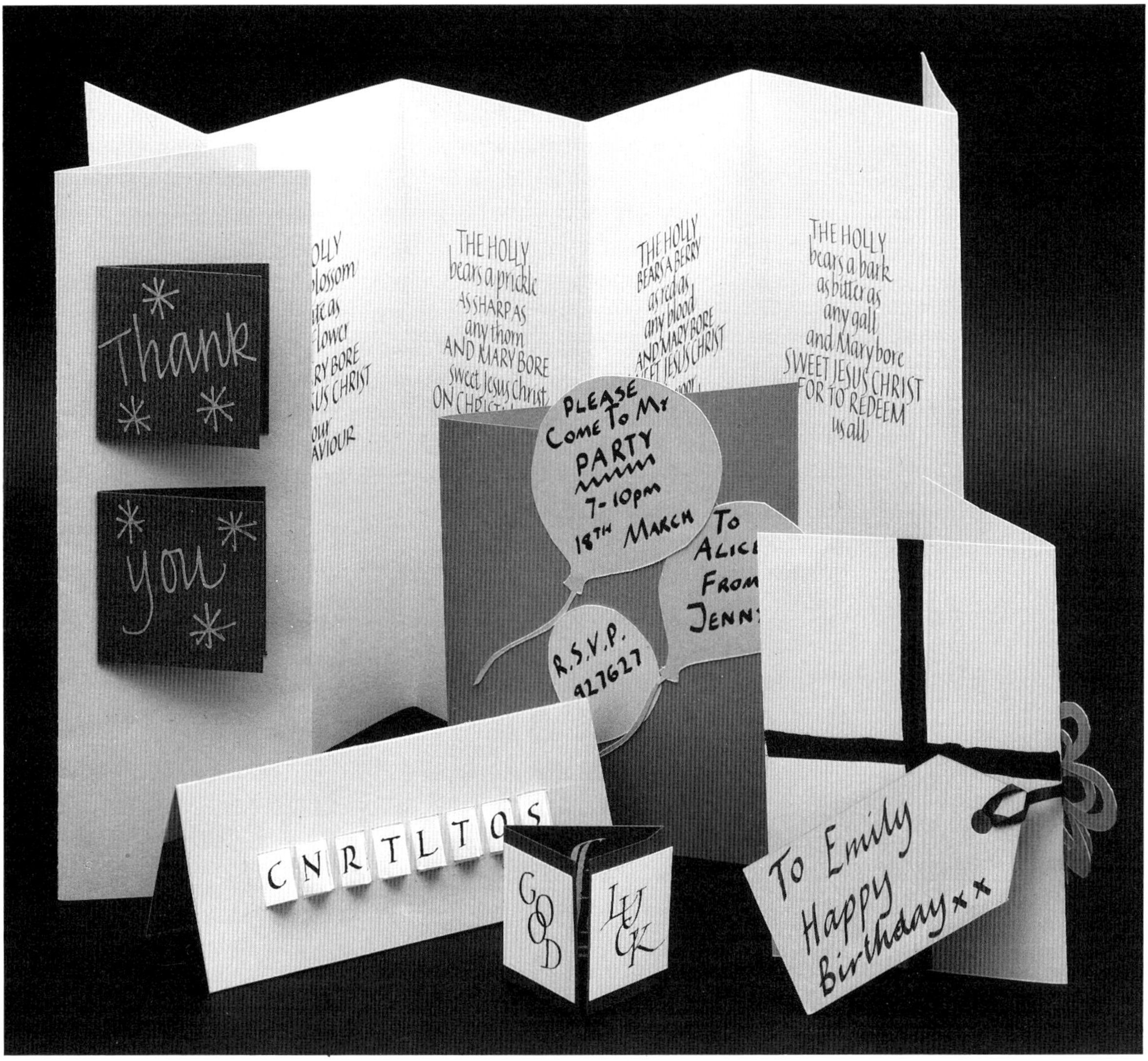

*Eine Auswahl handgemachter Glück-
wunschkarten. Die schmale links wurde
hergestellt, indem ein Streifen Papier durch
die Schlitze in der Karte gezogen wurde.
Das ganze Wort heisst «CONGRATULA-
TIONS».*

*Nachdem das Original fotokopiert war,
wurde diese Karte mit Hilfe eines Gummistempels mit Herzen verziert und dann gefaltet*

Handgeschriebene Bücher

Ein handgeschriebenes Buch herzustellen oder eines zu bekommen, ist ein Vergnügen. Es kann beliebte Sprüche in Prosa oder in Poesie enthalten und mit Zeichnungen, Malereien, Gummistempeln oder Prägungen verziert sein. Man wählt ziemlich leichtes Papier, prüft es auf seine Eignung zum Falzen auf die Hälfte und auf das Bleiben der Falzung. Es sollte sich leicht biegen lassen, aber weder zu steif, noch zu lumpig sein. Wenn beide Seiten beschrieben werden sollen, macht man vorher eine Probe, um das Durchscheinen zu prüfen. Ist das Resultat nicht befriedigend, wählt man ein weniger durchscheinendes Papier. Wählt man industriell hergestelltes Papier, muss man darauf achten, dass die Fasern im Blatt senkrecht verlaufen. Dies bewirkt, dass die Blätter bei geschlossenem Buch flach liegen. Bei handgeschöpftem Papier gibt es keine bevorzugte Faserrichtung.

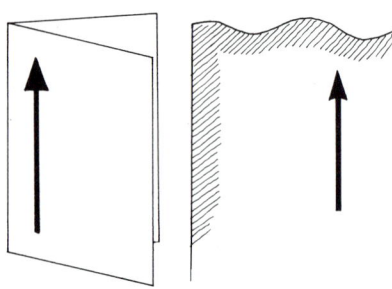

Befeuchten Sie die Ränder eines Papierblattes von einer Ecke aus nach beiden Seiten ca. 5 cm breit. Nach einigen Sekunden beginnt es sich in der Faserrichtung einzurollen oder wellig zu werden.

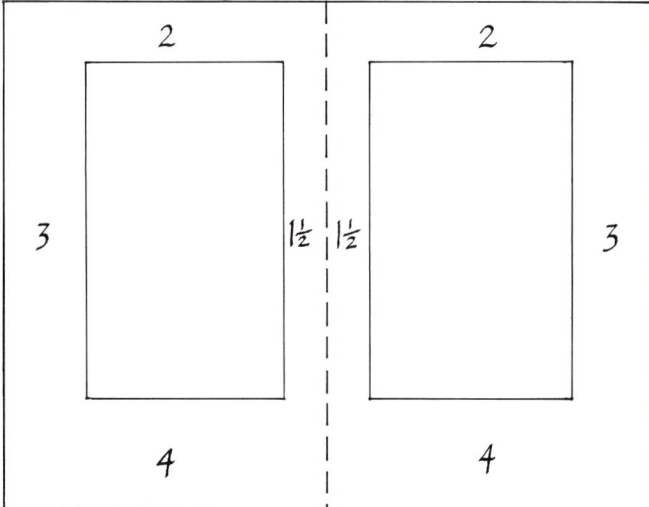
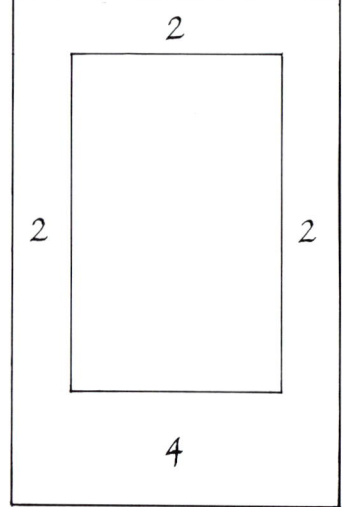

Die Proportionen der Ränder (gezeigt in Längeneinheiten) kann unterschiedlich sein, je nachdem, ob es sich um eine Doppelseite oder um eine einfache Seite handelt. Die korrekten Verhältnisse sind in den Abbildungen gezeigt.

Für ein formales (klassisch wirkendes) Buch folgt man am besten den traditionellen Randbreiten für Doppelseiten und für einfache Seiten, wie oben skizziert ist; aber man kann immer auch unkonventionell sein und davon abweichen.

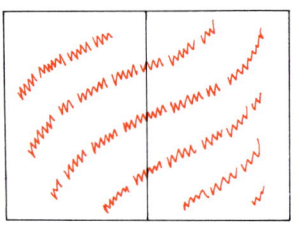
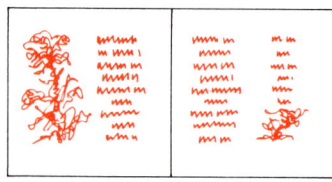

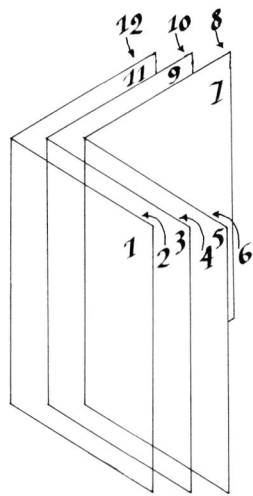

Das Buch plant man am besten anhand eines Musters, in dem man die Seiten mit Bleistift numeriert.

Der Deckel bietet noch mehr Spielraum für Erfindungen. In diesem Beispiel eines Neunjährigen wurde verziertes handgeschöpftes Papier verwendet, und es wurde auf der Aussenseite mit einer Schleife versehen. Das ausgeklügelte Exemplar unten benutzt einen Deckel mit einem Umschlag, der durch eine Feder gesichert wird.

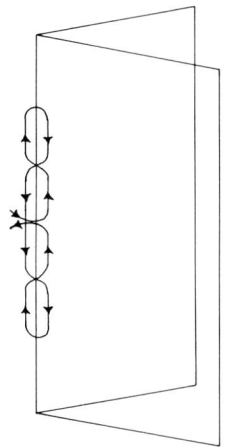

Stickgarn, dünnes Band, Faden oder Buchbinder-Leinenfaden kann zum Heften der Bogen verwendet werden. Man markiert die Mitte des Falzes, dann misst man und markiert in gleichen Abständen von der Mitte aus zwei Stellen oberhalb und zwei unterhalb der Mitte. Wenn der Knoten oder die Schleife von aussen sichtbar sein soll, beginnt man mit dem Heften auf der Aussenseite, andernfalls auf der Innenseite. Nach dem Knüpfen schneidet man den Faden ca. 1 cm vom Knopf entfernt ab und franst die Enden mit einer Nadelspitze aus.

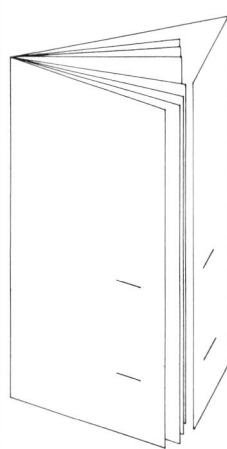

Diese Skizze zeigt, wie das Buch gemacht wurde.

Ein Schriftstück planen

Manchmal bereitet die Idee zu einem Projekt nur wenig Probleme; in andern Fällen dagegen können mehrere Vorbereitungsschritte nötig sein. Eines meiner Projekte wird hier vorgestellt. Ich wähle die Zeichen des Tierkreises, weil ich die Einfachheit eines Satzes von Holzschnitten aus dem 15. Jahrhundert gut mag; davon sind meine Zeichnungen abgeleitet.

Die erste Stufe bestand im Skizzieren verschiedener kombinierter Darstellungsmöglichkeiten von Text und Bild. Ich entschied mich, jedes Zeichen in einen rechteckigen Rahmen zu setzen und versuchte, mit einer Ausziehfeder gerade Linien und mit einem feinen Pinsel abgerundete Ecken zu ziehen. Ich stellte mir vor, die Tierkreiszeichen als 12-seitiges Zickzack-Büchlein darzustellen; dann schien mir aber, die Ränder seien dazu nicht erforderlich. Ich musste verschiedene Papiere ausprobieren, um eines herauszufinden, das sich eignete für die feine Feder, für die ich mich entschieden hatte. Weiter entschloss ich mich, den Hintergrund der Bilder mit Wasserfarbe zu tönen – wechselnd von Blau im Winter zu warmem Rot in den Sommermonaten. Verschieden grosse Abstände zwischen Bild und Text wurden ebenfalls probiert. Diese Versuche sollen zeigen, wie eine Gestaltungsidee entwickelt und in verschiedenen Stufen verbessert werden kann.

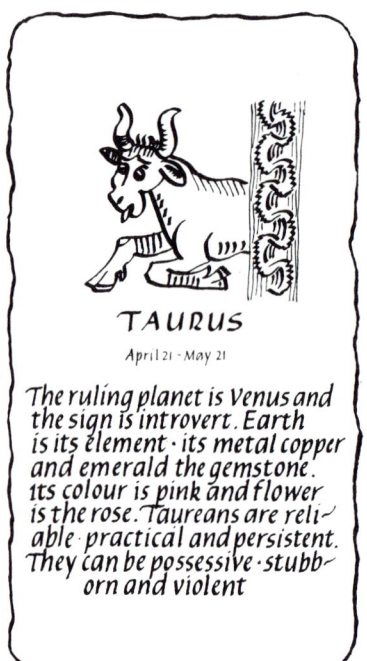

In einer frühen Version sieht der Text eher dichtgedrängt aus, und es sind einige unangenehme Worttrennungen darin. Die zweite Version wurde durch Vergrösserung der Zeilenzwischenräume verbessert.

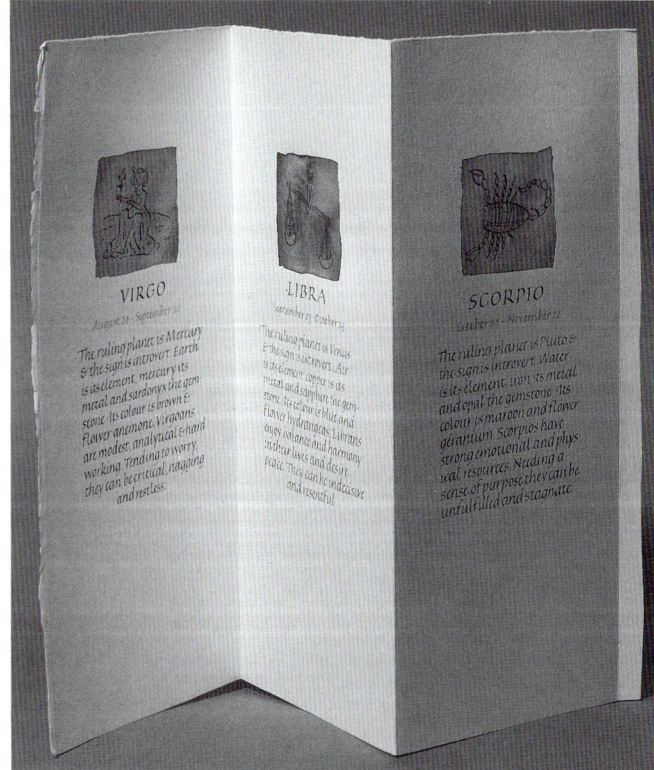

In der dritten Stufe wurde eine farbige Hintergrundtönung eingefügt, und um die Daten deutlicher hervortreten zu lassen, wurde den Titeln mehr Gewicht verliehen.

46

Kalligraphie
als Unterrichtsfach

Einführung

In gewissem Sinne erzeugen wir alle mit unserer täglichen Handschrift Original-Buchstabenformen. Tatsächlich, unsere Handschrift ist eine ebenso persönliche schriftliche Darstellung unserer selbst wie irgend eine Zeichnung oder ein Gemälde, hängt sie doch direkt mit unserer Federführung und somit damit zusammen, wie wir mit unserem Körper umgehen. Wenn wir diesen Weg der Selbstdarstellung bewusst weiterentwickeln wollen, kann eine Idee davon entstehen, wie wir unsere Buchstaben zu formen trachten: Es ist eine direkte Linie vom geistigen Auge über unsere Hand zum Papier. Wenn diese Vorstellung noch nicht vorhanden ist, können wir einen Anfang machen durch Vergrösserung und Verbesserung derjenigen Buchstaben, die am leichtesten «aus der Hand fliessen». Wenige von uns lieben und schätzen ihr tägliches «Geschreibsel»; aber wenn man sie einmal als unverkrampfte Charakterschrift betrachtet, ist es möglich, die besten Buchstaben auszuwählen und darauf aufbauend ein Musteralphabet zusammenzustellen oder sogar einen Entwurf zu einer Druckschrift zu konstruieren, wie auf den Seiten 66–67 gezeigt wird. Eine breite Feder oder gewisse flexible Schreibwerkzeuge wie etwa ein Pinsel verstärken die Wirkung, die durch ungewöhnliches Drücken und die persönlichen Bewegungen entstehen. Trotzdem darf man aus der zwanglosen Form der persönlichen Buchstaben nicht ableiten, es sei eine leichte Aufgabe, daraus ein vollständiges, einheitliches Alphabet zusammenzustellen.

Für die vielen Wege, die zu weiteren Entdeckungen über die Buchstabenformen führen, kann der Einfluss der verschiedensten Schreibwerkzeuge auf die Schrift ein guter Startpunkt sein. Je ungewöhnlicher das Werkzeug, desto originellere Buchstaben können erzielt werden. Ein kurzer Blick auf die charakteristischen Elemente wie Endungen und «Gewicht» an einer Auswahl von Musteralphabeten kann jenen neue Anregungen bieten, die vielleicht noch nie zuvor über solche Details nachgedacht haben.

Eine Sammlung von so vielen Formen eines einzigen Buchstabens wie möglich kann zeigen, wie weit der historische Formenreichtum reicht und wie vielfältig die Möglichkeiten sind, mit Buchstaben zu spielen, ohne ihnen ihr persönliches Gesicht zu verderben. Ideale Schreiber jeden Alters sollten fähig sein, mit Leichtigkeit von streng nach einem Vorbild geformten Buchstaben zu lockeren Buchstabenformen wechseln zu können, ohne irgendein Widerstandsgefühl zu haben.

Ein Selbstportrait, gekonnt aufgebaut von Stacy Parker, aus nichts anderem als ihrem handgeschriebenen Namen. Die Schattierung entstand durch Veränderung der Dichte der Schrift.

Ein überraschender Aspekt in der Ausbildung jüngerer Kinder besteht darin, dass diese oft auf Anhieb richtige Buchstaben schreiben können, vermischt mit klassischen Formen, und zwar klassische Formen, die sie vermutlich überhaupt noch nie gesehen haben. Ihre Arbeit braucht oft den Vergleich mit geübten «Berufsschreibern» nicht zu scheuen. Als Ergebnis der Arbeit mit Kindern und als Zeugin ihrer erstaunlichen Leichtigkeit im Umgang mit Buchstabenformen, frage ich mich oft, ob das Trainieren strenger Schriftformen, abgesehen von wenigen Ausnahmen, die Originalität nicht mehr unterdrückt als fördert!

Werkzeuge, Stimmungen, Effekte

Wie verschiedene Werkzeuge die Schrift beeinflussen

Ein Schraubenkopf «druckte» dünne Buchstaben aus, aber mit bemerkenswerten Ergebnissen.

Fetzen von zerrissenem Papier, zu Buchstaben geformt aufgeklebt, ergeben ein auffallendes Plakat, vielleicht für einen Wohltätigkeitsbasar.

Es steht eine riesige Auswahl an Federn und Pinsel zur Verfügung; aber es ist zu bedenken, dass das, was wir wählen, die Schrift beeinflussen wird. Oft wird der Einfluss nur gering sein, manchmal aber sehr stark, oftmals sogar überraschend. Je steifer das Schreibzeug, wie z. B. eine breite Feder, desto mehr werden unsere Bewegungen davon beeinflusst. Wenn man aber nicht allzusehr ins Extreme geht, wird die Schrift meist ihr gewohntes Aussehen bekommen. Je weicher das Werkzeug, etwa ein weicher Pinsel, desto sorgfältiger muss man es führen. Ein Pinsel reagiert auf den leichtesten Druck und auf die feinste Richtungsänderung, darum bekommt die Schrift sehr starke persönliche und einmalige Züge.

Warum bei Federn und Pinseln Halt machen? Stäbchen, Stengel, Samenhülsen, Vogelfedern und fast alles, was man im Garten, am Strand oder im Abfallkorb findet, kann als Schreibzeug dienen. Selbstverständlich benötigt man zum Schreiben auch Tinte; aber jede Art von Farbe, sei es ein Farbstoff, ein hausgemachtes Gebräu, dick oder dünn, kann brauchbar sein, kann aber eine andere Wirkung zeigen. Scheuen Sie sich nicht vor dem Schatten des Regenbogens oder feinsten Farbschattierungen. Was Sie produzieren, zeigt, was Sie beim Schreiben jedes einzelnen Buchstabens, Wortes oder Ausspruches fühlen. Je stärker Sie sich einlassen, desto mehr werden Sie ein Werkzeug wählen und einen Weg gehen, der Ihre Gefühle wiedergibt.

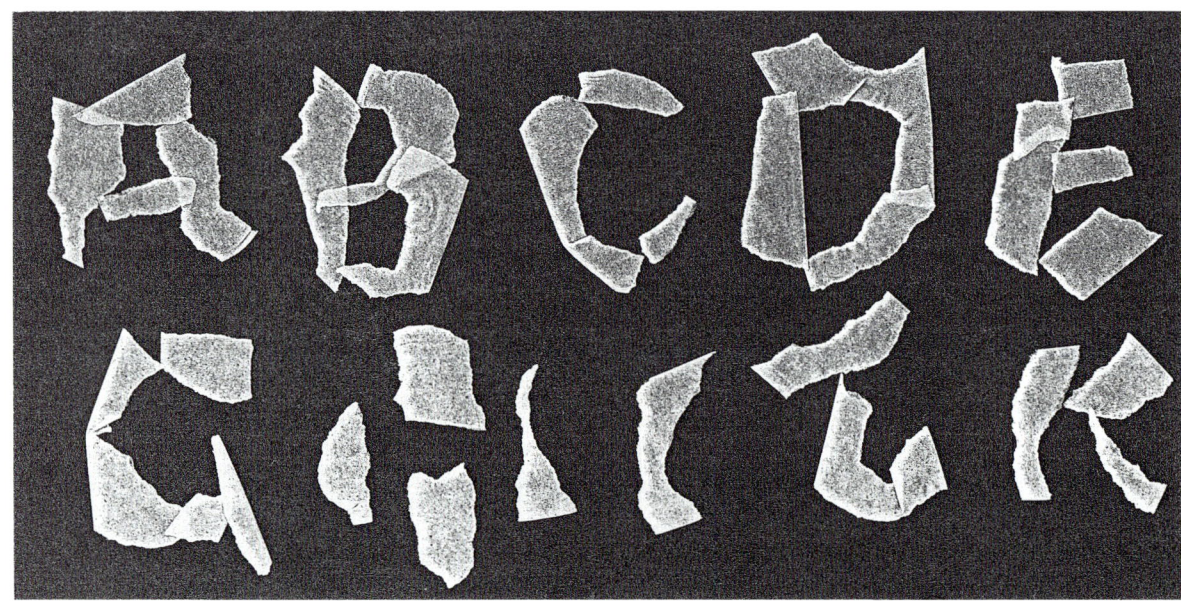

Eine Schablone, geschnitten mit einem scharfen Messer, ermöglicht klare, markante Umrisse. Eine Struktur wie hier, erzeugt man mit einem Bambusrohr, einem Pinsel oder auch mit zerknülltem Papier.

Eine breite, selbstgemachte Feder aus Balsaholz, die keine runden Formen erlaubte, gab diesem «k» eine aussergewöhnliche Form.

Wie die Erscheinung die Aussage beeinflussen kann

Die Struktur oder die Proportionen von Buchstaben können den Ausdruck eines Wortes auf drastische Weise beeinflussen.

«Glue» (Leim) wurde in hellgrüner Wasserfarbe gemalt. «Scratch» (kratzen) wurde mit einer scharfen, kratzenden Feder geschrieben und nachträglich verdickt. Es sieht aber aus, als hätte man auf Schleifpapier geschrieben und weggekratzt. Das Wort «square» (viereckig) wurde frei mit dem Pinsel gemalt (etwa doppelt so gross wie hier). Die Buchstaben wurden nicht vorskizziert. Oft erhält man die aussergewöhnlicheren Ergebnisse, wenn man den Einfluss des Werkzeugs auf die Formen und Eigenheiten der Buchstaben wie auch auf die Zwischenräume frei wirken lässt. Was dabei herauskommt, unterscheidet sich weit von dem, was es gibt, wenn man vorher mit dem Bleistift genau vorskizziert und nur noch die Flächen anfärbt. Manchmal scheint alles auf den ersten Anhieb gelungen zu sein, aber Berufsleute, die ähnliche Techniken anwenden, wissen, dass oft mehrere Versuche notwendig sind. «Stain» (Flecken) wurde auf Fliesspapier geschrieben, während für «fog» (Nebel) nasse Farbe durch einen Strohhalm geblasen wurde. «Dust» ist das Werk von Charles, dessen persönlicher Schriftsatz auf den Seiten 64–65 erscheint. Er hatte einige Buchstaben mit Hilfe alter Zahnarztwerkzeuge in Knochen geschnitten. Er raspelte ein Stück Knochen und streute, nachdem er mit dicker Farbe «dust» (Staub) geschrieben hatte, das Pulver über die noch klebrige Farbe.

Die ausgedrückte Tatsache von «glue» des elfjährigen John-Mark Zywko brachte ihm den ersten Preis in einem Wettbewerb ein, der vom Castle Museum, Norwich organisiert worden war.

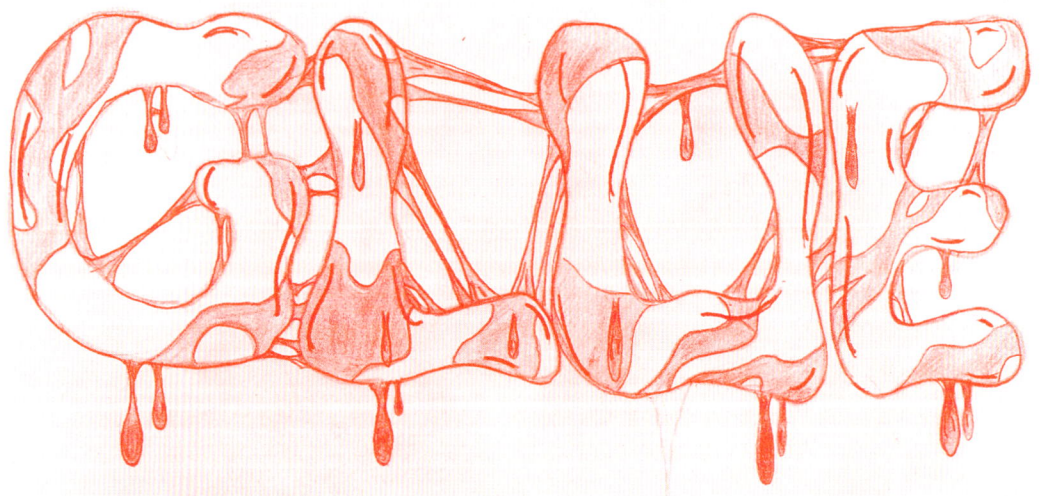

Gemalt auf saugendem Papier.

Das Wort «dust» hat ein so vollendetes Aussehen, dass es ohne weiteres aus einer Reklame für ein Haushalt-Reinigungsmittel stammen könnte.

Gemalt, ohne die Buchstaben vorher zu zeichnen.

Farbe durch einen Strohhalm geblasen: Diese drei Buchstaben wurden aus einem vollständigen Alphabet ausgewählt

Geschrieben mit einer kratzenden Feder.

Ungewöhnliches Material für kalligraphisches Zeichnen

Viele unkonventionelle Werkzeuge – Stäbchen, Stengel, Vogelfedern oder Blätter – können zum Schreiben benutzt werden; man kann damit auch zeichnen. Dieses Bild mit dem Titel «Walfischfang in vergangenen Tagen» war ein flüchtiger Versuch mit Verwendung von Seetang als Werkzeug. Ein Lehrer schuf es auf der Suche nach neuen Ideen für die Arbeit im Klassenzimmer. Ein Strand ist ein idealer Ort, um ungewöhnliches Material zum Schreiben und Zeichnen zu finden – aber es gibt auch eine Fülle von geeignetem «Schreibmaterial» in jedem Garten, jeder Hecke oder jedem Haushalt-Papierkorb.

Diese drei Zeichnungen zeigen die Ergebnisse einer lockeren Anwendung von Blättern und Spritztechnik. Sie können als Bild allein stehen oder gut mit einer «lockeren» Kalligraphie kombiniert werden.

Handschrift als Struktur

Die Buchstaben, die uns am leichtesten gelingen und die wir am gleichmässigsten schreiben können, haben in unserer eigenen Handschrift die grösste Bedeutung. Wenn wir einmal mit Buchstaben umgehen können, ist es nur noch eine Sache der Angewöhnung, der Lockerung und der Versuche, sie auch gut anzuwenden. Die zwei Illustrationen auf dieser Seite sind solche Experimente, sie stammen von Kunststudenten im ersten Jahr an der Curtin-Universität, Perth, Westaustralien. Die Welle macht Gebrauch von einfachen Grossbuchstaben, und im Händepaar wurden die Wörter «Touch» (berühren) und «Hands» (Hände) geschrieben. Beiden Beispielen ist gemeinsam, dass sie mit Veränderungen der Grösse und der Zwischenräume die Stärke der Schattierung erwirken. Ein anderes eindrückliches Beispiel dieser Technik ist auf Seite 49 wiedergegeben. Eine weitere Arbeit, mehr in formaler Kalligraphie, wird auf Seite 83 gezeigt, sie stammt von Schulkindern. Je charaktervoller unsere Handschrift ist, desto wirksamer wird sie bei solcher Anwendung.

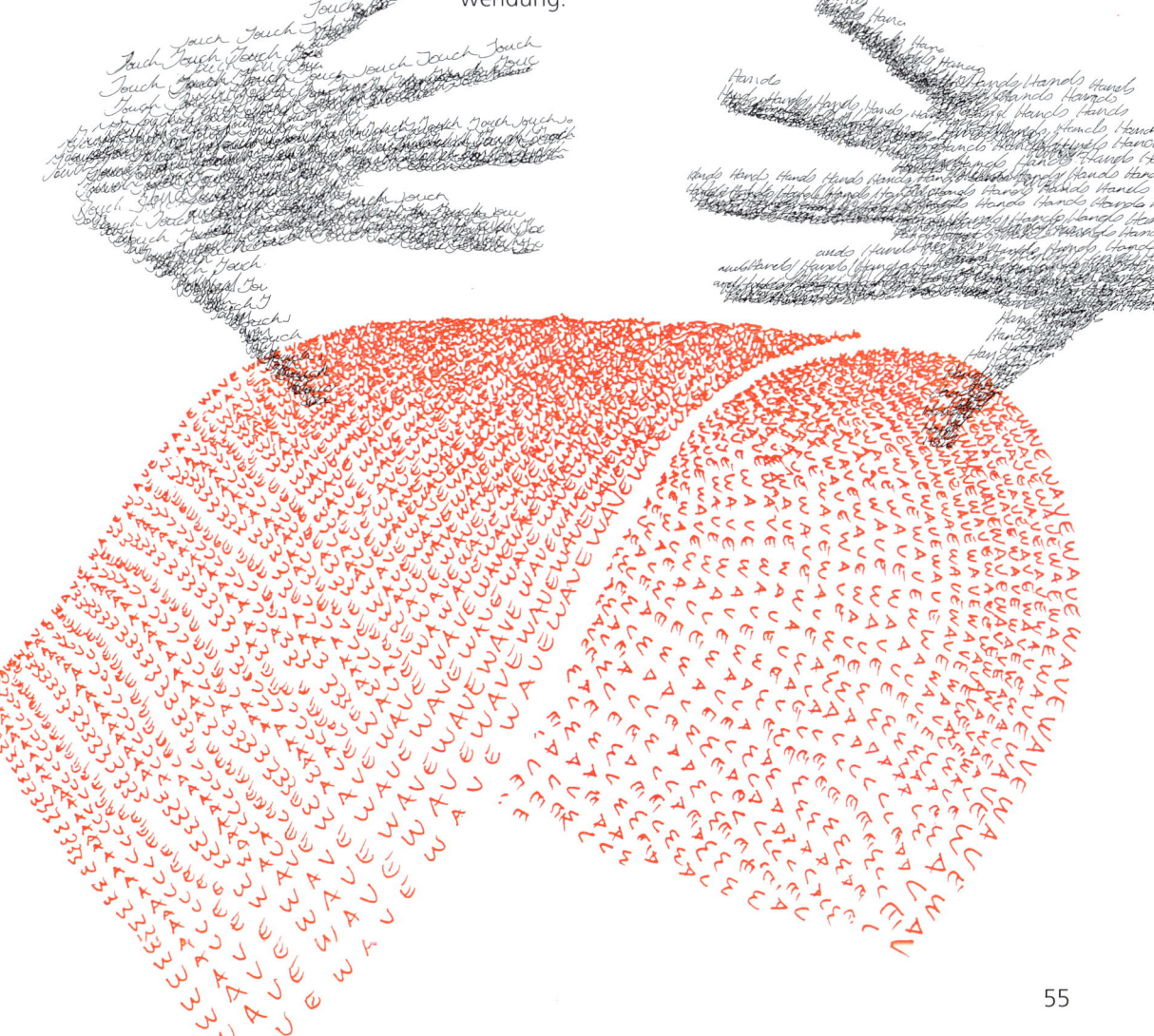

Buchstaben als Muster

Dies ist eine wirkungsvolle Art, Glückwunschkarten oder Einwickelpapier für Geschenke herzustellen. Es gibt unendliche Möglichkeiten, und wer einmal begonnen hat, darüber nachzudenken, wird seine eigenen Ideen entwickeln. Ein einfacher Weg zum Beginnen besteht im Ausschneiden von Buchstaben und in der Verwendung derselben als Schablonen (siehe Seite 21). Die hier gezeigten Buchstaben wurden zunächst mit einem doppelten Bleistift geschrieben. Der beste unter ihnen wurde ausgeschnitten, dann wurde er mit Linien und Farbe verziert. Es handelt sich hier in keiner Weise um Buchstaben von «Experten». Sie wurden von Studierenden produziert, die erst am Tage zuvor in die Buchstabengestaltung eingeführt worden waren.

Je ungewöhnlicher eine Buchstabenform ist, desto interessanter kann sie erscheinen, wenn sie im Experiment wiederholt dargestellt wird. Wenn kein Fotokopierer zur Hand ist, kann man eine Anzahl «Rohbuchstaben» ausschneiden und mit ihnen die Darstellung ausprobieren, dann die passendste Variante mit Hilfe von Pauspapier übertragen, bevor das ganze Muster aufgeklebt wird. Es ist nur eine Sache der Grösse. Je grösser und je freier die Form, desto prägnanter kann die Wirkung sein.

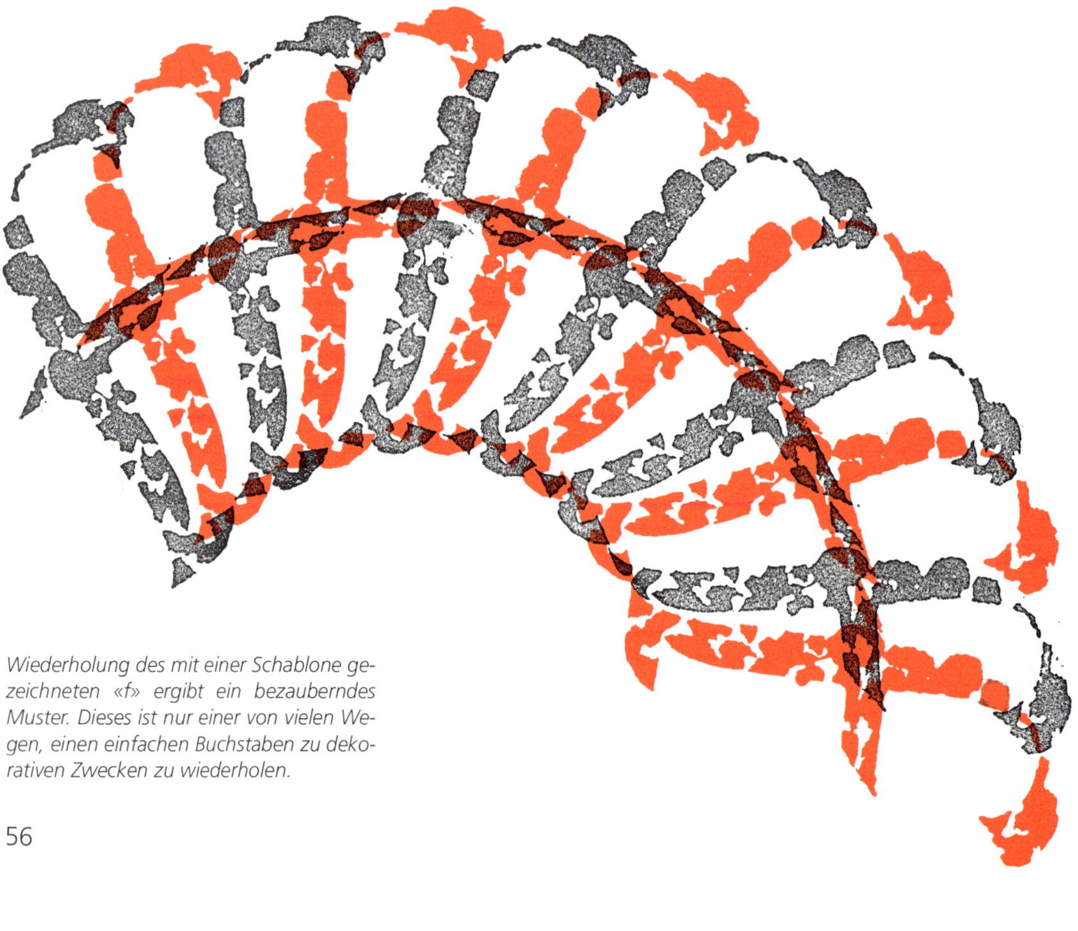

Wiederholung des mit einer Schablone gezeichneten «f» ergibt ein bezauberndes Muster. Dieses ist nur einer von vielen Wegen, einen einfachen Buchstaben zu dekorativen Zwecken zu wiederholen.

Die Zeichnung des Buchstabens «B» ist nicht besonders schön, wenn man sie von nahe betrachtet. Dies war ein erster Versuch mit einem frei entworfenen, verzierten Grossbuchstaben. Trotzdem begann er nach wiederholtem Fotokopieren und in verschiedener Anordnung, Kraft zu bekommen und als Komposition eine Wirkung zu zeigen.

Das Gleiche gilt für das «g», unterschiedlich dargestellt und wiederholt, hier als überlappendes Muster.

Monogramme

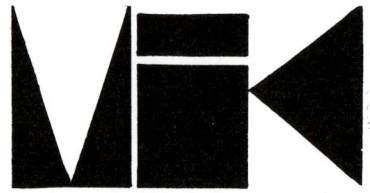

Die eigenen Anfangsbuchstaben – oder irgendwelche andere kleine Buchstabengruppe – zusammenzuhängen, um ein Monogramm zu entwerfen, ist mehr als ein blosses Vergnügen. Es ist eine gute Übung im Kombinieren von Buchstaben, um eine befriedigende Gestaltung zu erreichen. Man kann jeden Schriftstil benutzen, ob formal oder frei. Die einzelnen Buchstaben können frei stehen, einander berühren oder ineinander verwoben sein.

Wenn ein Monogramm einmal vorhanden ist, kann man es als Grundlage für ein sich wiederholendes Muster verwenden.

Die Buchstaben «MFK» bildeten das Monogramm, aber «MF» allein ergibt ein kräftiges und wirksames Band, wenn es wiederholt wird.

Beispiele von Wiederholung, um ein fortlaufendes Muster zu erhalten.

58

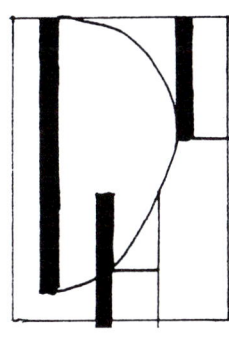

«DHL» begann in einer einfachen Form und endete total anders, indem die zugrunde-liegende Skizze in ein schmuckes Muster von Spiegelbildern verwandelt wurde.

Diese Initialen wurden von Tracey Boughey, einer der talentiertesten Studentinnen der Curtin University of Technology von Perth, Westaustralien, skizziert und überarbeitet. Von ihr stammen viele bedeutende Beiträge in diesem Buch.

Ein sich wiederholendes Muster aus einem Monogramm

Monogramme können zu komplexen Blöcken von Mustern zusammengebaut werden, diese wiederum können mit Hilfe des Fotokopierers zu grossflächigen Dekorationen anwachsen.

Der Fotokopierer, oder, falls vorhanden, der Computer kann die Mühe übernehmen, die kleineren Einheiten zu wiederholen. Das Grundmuster kann mühelos vergrössert werden, um damit eine völlig verschiedene Wirkung zu erzielen. Diese zwei Beispiele von Rosemary Barrett, basierend auf ihren Initialen «RJEB». Beide wurden skizziert und mit dem Computer wiederholt.

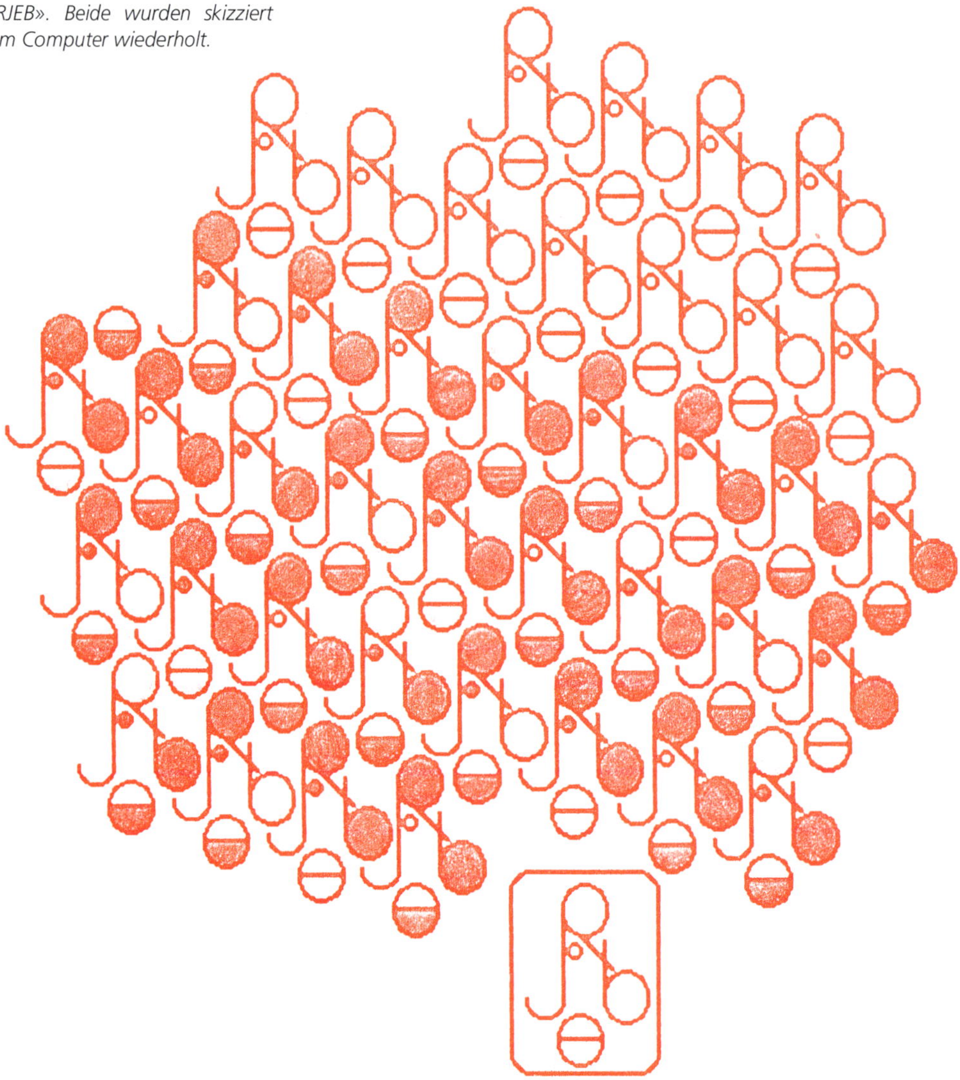

Linkshänder-Schrift

Manche Linkshänder finden es schwierig, einen Schreibwinkel von 30° bis 45° einzuhalten, wie er zum Schreiben der verschiedenen klassischen Alphabete erforderlich ist. Aber beim Entwerfen freier Buchstabenformen kommt dieses Problem nicht auf. Diese Beispiele zeigen, wie zwei Linkshänder-Kunststudenten in einem Anfängerkurs mit Federn oder doppelten Bleistiften ihre persönlichen Buchstabenformen mit einem ihnen passenden Schreibwinkel entwickelten.

Nicole Grant begann mit dem Schreiben ihres Monogramms mit der Feder, die sie so hielt, dass die Abstriche am dicksten und die Querstriche am dünnsten wurden. Ihr gefielen zwei breite Linien mit einem engen weissen Zwischenraum. Einige gut gelungene Buchstaben sind hier dargestellt, während andere, nicht sehr überzeugende, einer weiteren Bearbeitung bedurft hätten. Die Darstellung eines ganzen Satzes formaler Buchstaben lässt alle Arten von Problemen sichtbar werden. In diesem Falle sind die geraden Striche problemlos, aber die diagonalen Striche und einige runde waren schwieriger.

Buchstabenauswahl aus dem Alphabet von Nicole Grant (oben). In diesem und im sich wiederholenden Muster (rechts) hielten die Schreiberinnen ihre Federn in einem Winkel, der ihnen am bequemsten war. Dies gab den von ihnen entworfenen Buchstaben ein besonderes Aussehen.

Felicity Fitzgerald hatte, wie oben zu sehen, Erfolg in der Gestaltung eines sich wiederholenden Musters, indem sie das Übliche durchbrach. Dicke, sich kreuzende Diagonallinien sorgen für Abwechslung im Muster.

Alphabete entwerfen

Schreiben mit dem Pinsel

Mit dem Pinsel Geschriebenes kann sehr wirkungsvoll aussehen, aber man darf nicht erwarten, gleich das erste Mal sein Ideal zu erreichen. Man muss üben und sich auf die Stimmung konzentrieren, die man ausdrücken will. Jedes Wort versucht man mehrmals und wählt die Version, die am besten gefällt. Falls in einem Wort nur ein Teil gut gelingt und in einem andern Wort ein anderer Teil, schneidet man sie aus und kombiniert die Teile, die passen. Berufsleute setzen ihre frei entworfenen Buchstaben auch auf diese Weise neu zusammen, und sie benützen auch Fotokopierer zum Vergrössern, Verkleinern und Wiederholen ihrer Arbeiten, wenn erforderlich.

Es gibt keine festen Regeln für das Schreiben mit dem Pinsel, aber es ist wichtig, sich daran zu erinnern, dass das Geschriebene lesbar sein sollte. Einige der Beispiele wurden von kleineren Kindern, andere von Kunststudenten produziert, aber alle enthalten eine direkte graphische Aussage.

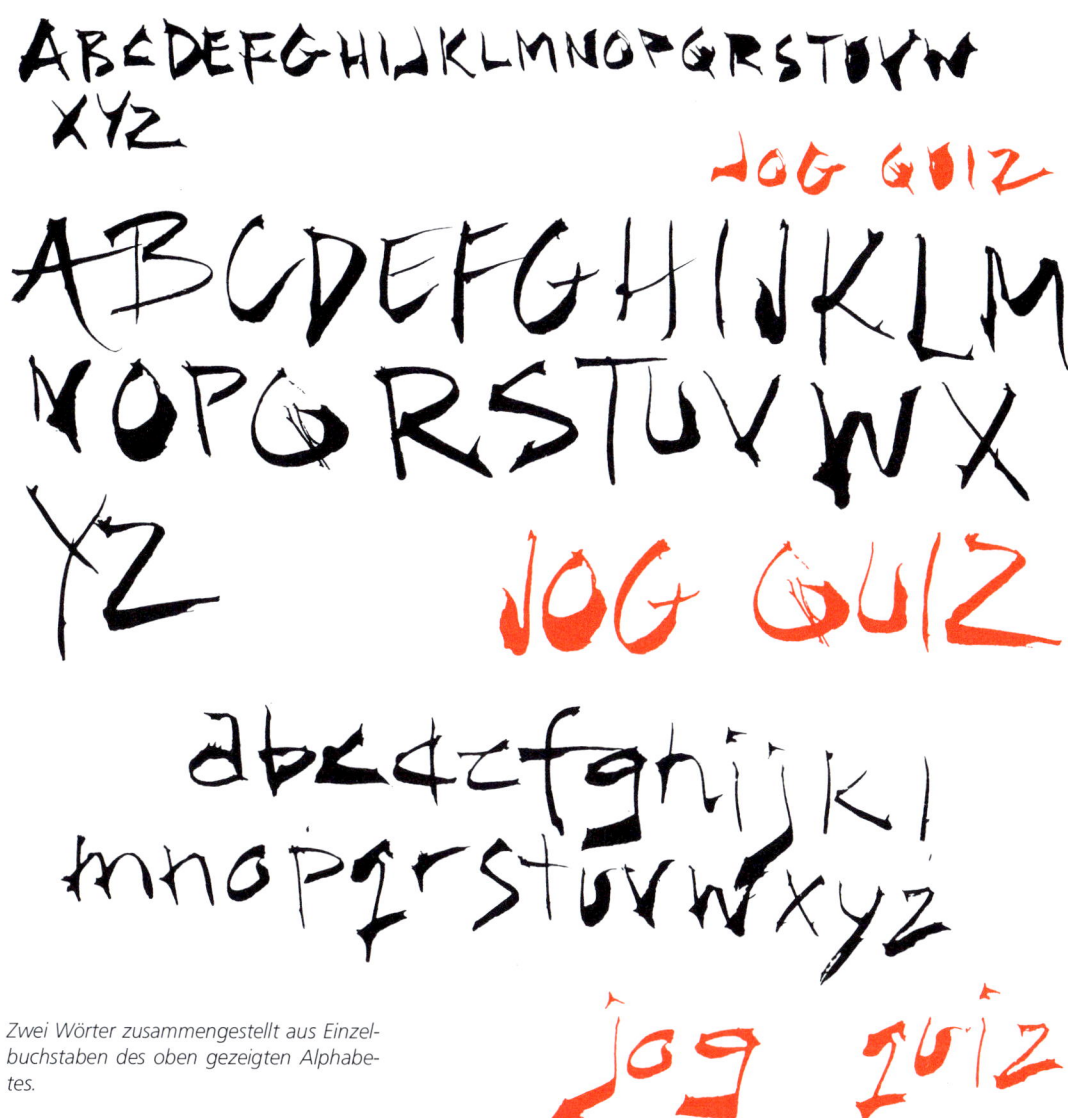

Zwei Wörter zusammengestellt aus Einzel-buchstaben des oben gezeigten Alphabetes.

Pinselschriften

Hier sind drei Alphabetbeispiele, die von einem Kunststudenten schnell hingeworfen wurden. Sie sind trotzdem praktisch verwendbar. Wenn man als Versuch rasch einige Buchstaben hingekritzelt hat, kann man die interessantesten Elemente, die man am leichtesten schreibt, isolieren. Wir beginnen hier mit einer ersten Auslese von Grossbuchstaben. «G», «J», «Q» und «U» stechen mit ungewöhnlichen Elementen hervor. Die gleichen Buchstaben bewahren ihre charakteristischen Eigenheiten in allen drei Alphabeten, sie zeigen die Gleichmässigkeit des Schreibers. Mit diesen drei Buchstaben als Leitelemente wäre es nicht schwierig, ein ganzes Alphabet aufzubauen. Man braucht nur die markantesten Striche und Formen der «besten» Buchstaben herauszufinden und die weniger «interessanten» daran anzupassen.

Ein Alphabet entwerfen

Charles, zehnjährig, schloss sich einer Erwachsenengruppe mit verschiedenen Vorkenntnissen zu einem Schreib-Wochenende an. Der Kurs fand in Esperance, Westaustralien, statt. Charles wohnte etwa 80 km von Esperance entfernt, und seine Eltern machten Transportprobleme geltend und den Umstand, es würde ihm mehr Spass bereiten, in einem geordneten Wochenend-Kurs für Erwachsene mitzumachen als in einem Wochenkurs für Kinder. Die Kurse waren dafür angelegt, Personen jeden Alters die Möglichkeit zu geben, ihr Talent für Kalligraphie zu erproben.

Charles war an formaler Kalligraphie nicht sehr interessiert. Als er einmal mit freier Schriftgestaltung angefangen hatte, wurde er richtig «lebendig». Sobald er mit einem breiten Filzschreiber zu arbeiten begann, traten sein Eifer, seine Ausdauer und die Originalität seiner Buchstabenformen in Erscheinung. Er schrieb mehrere Alphabete auf und einige Beispiele beliebiger Buchstaben, die freilich seine Zustimmung nicht fanden – alles ohne Hilfe von aussen. Er zeichnete ein Netz auf und klebte die Buchstaben hinein, die ihm am besten gefielen. Sein methodisches Vorgehen im Abmessen der Linien und sein Eifer bei der Arbeit zeigten, dass er ein geborener Handwerker war.

Die nächste Stufe bestand im Fotokopieren des Alphabetes und im Ausprobieren des «Schriftsatzes». Auf diese Weise schuf Charles seinen eigenen Briefkopf mit dem Namen einer Töpferei, die sein Vater auf der Farm seiner Familie zu errichten plante.

Charles zerknüllte den Rest seiner Arbeit und warf sie weg – aber es gehört zur Arbeit einer Lehrerin, kleinere Meisterstücke aus dem Papierkorb zu retten. Ich stellte aus den geretteten Buchstaben ein weiteres Alphabet zusammen, und ich zeige einige von den restlichen (links), um die Formenvielfalt zu zeigen, die Charles in kurzer Zeit hervorbrachte.

Einige der Übungsbuchstaben, die weggeworfen waren (oben) und der Briefkopf (unten), aufgeklebt von Charles Creighton. Er verwendete dazu die Buchstaben, die er zu seinem persönlichen Alphabet zusammengestellt hatte.

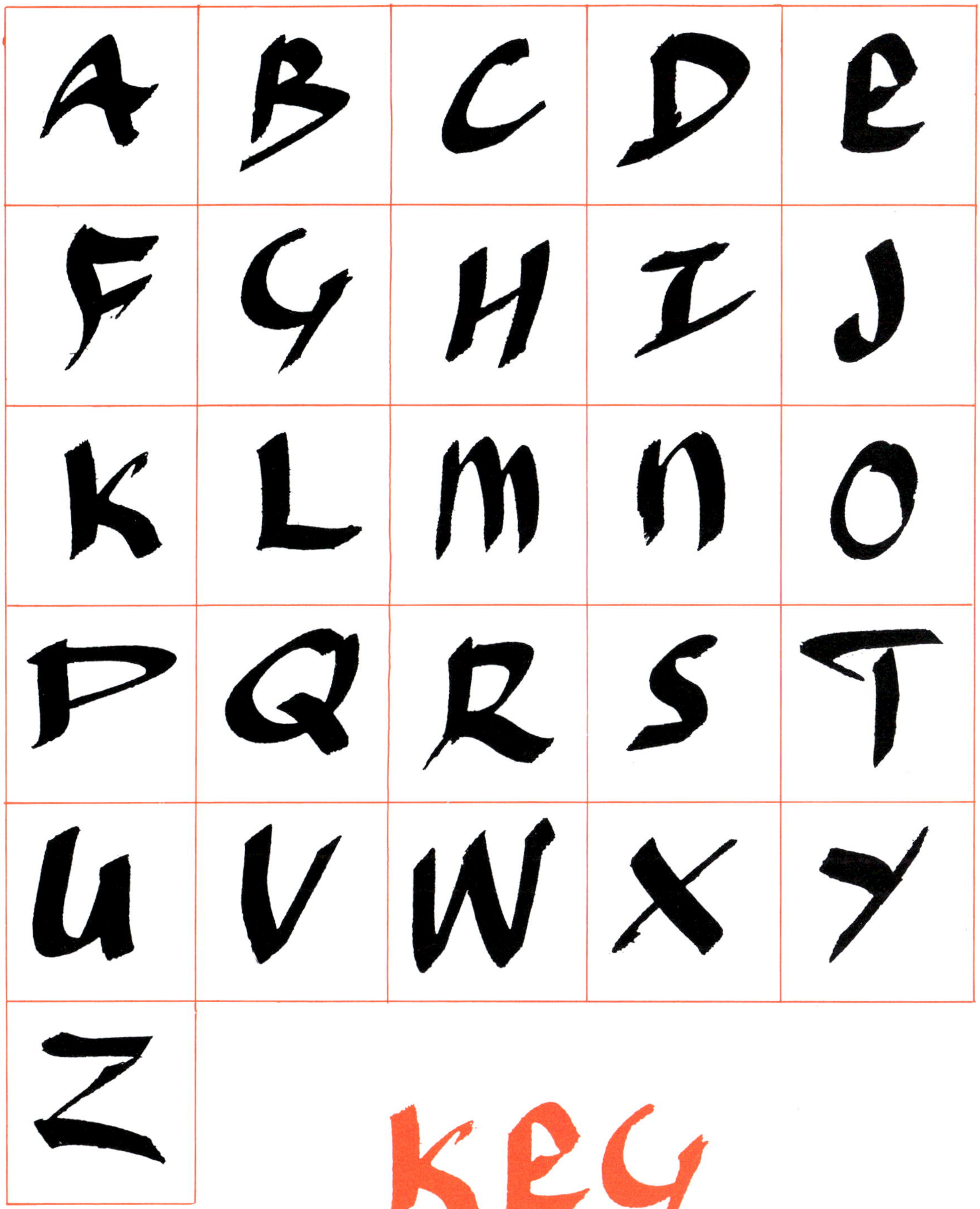
A B C D E
F G H I J
K L M N O
P Q R S T
U V W X Y
Z

KEG
FOX

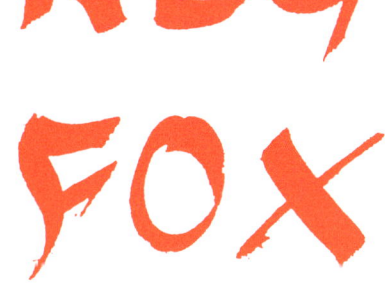

Ein komplettes Alphabet, zusammengestellt aus Buchstaben, die Charles weggeworfen hatte, und zwei einfache Wörter, zusammengestellt mit Buchstaben aus diesem Alphabet.

Mit Hilfe des Computers einen Schriftsatz gestalten

Maria Quiroz, eine junge peruanische Grafikerin, benutzte Computertechniken, um aus ihrer eigenen Handschrift einen Schriftsatz zu gestalten. Sie sagte, eines ihrer Ziele habe darin bestanden, das, was der Computer produziert, etwas spontaner und «menschlicher» zu machen. Maria veranstaltete auch Kurse mit dem Zweck, Kinder zu ermuntern, computergestaltete Buchstaben zu erzeugen. Ihre Idee, aus der sie den Schriftsatz «Antara» entwickelte, deckt sich mit meiner Meinung, dass Sie Ihre persönlichen Schreibbewegungen ausführen sollen. Dies passt zu dem, was Charles auf einer andern Ebene auch gemacht hat (s. Seite 64); sein Alphabet entwuchs seiner eigenen Handschrift, ungestört durch irgendwelche vorher aufgenommenen Ideen über streng formale Schriften. Sie fügten sich zu einem Ganzen, weil sie das Ergebnis natürlicher Bewegungen waren, verstärkt durch die Verwendung eines breiten Filzstiftes. Ohne Zweifel hat er ein Talent für Kalligraphie, das sich durch die originellen und gebrauchsfähigen Buchstabenformen manifestierte, die aus seiner Feder flossen.

Jeder Schriftgestalter wird bestätigen, dass es einfach ist, einige Buchstaben zu entwickeln, aber dass die Probleme sich steigern beim Gestalten eines ganzen Alphabetes, das sich natürlich zusammenfügt. Maria, die im Schriftentwerfen schon gut zu Hause war, fand die Lösung eines weiteren Problems: «Ich zeichnete einige Buchstaben mit der Absicht, sie als Quelle zu benutzen, aber dies war ein Fehler, weil sie zu steif wirkten». Wir alle wissen, was geschehen kann, wenn wir uns zu stark konzentrieren: Die entstehende Spannung hindert uns, natürlich fliessend zu schreiben. Maria fand einen guten Weg, um dieses Problem zu umgehen, indem sie auf ein Beispiel ihrer Alltagsschrift zurückgriff (links). Sie konzentrierte sich auf gewisse Einzelheiten ihrer freien Handschrift und nahm diese als Basis für ihr Alphabet. Sie passten alle recht gut zusammen, weil sie alle natürlich und in der gleichmässigen Spur ihrer persönlichen Hand entstanden waren – gerade deshalb waren einige ihrer Formen ganz unkonventionell. Selbstverständlich hatte Maria als Grafikerin eine geübte Hand, und sie konnte die besten ihrer Buchstaben ausarbeiten; aber dies nimmt der Tatsache nichts weg, dass sie nach dem gleichen Grundverfahren arbeitete, das der zehnjährige Charles für sein persönliches Alphabet auch anwandte.

Einige von Marias Buchstabenformen sind recht unkonventionell. Betrachten Sie genau ihr «g» oder «q», oder auch wie sie ein «o» oder ein «a» schreibt.

*Maria stellte keine Skizzen oder Entwürfe
unter Verwendung von Bleistift und Papier
her. Sie entwickelte alle ihre Buchstaben direkt am Bildschirm.*

letter signs in Algebra). Letters
are not pictures or representations.
Picture writing and hieroglyphics
are not letters from our point of
view; and though our letters, our
signs for sounds, may be shown to
be derived from picture writing,
such derivation is so much of the
dim and distant past as to concern
us no longer. Letters are not
pictures or representations."

*Ein Textbeispiel, gesetzt in «Antara», einer
Schrifttype, die von Maria Quiroz entwor-
fen wurde. Sie basiert auf ihrer eigenen
Handschrift*

Von der Handschrift zum Computer

Obwohl jedes Kind in Maria Quiroz' Klasse nur eine kurze Zeit am Computer sein konnte, nutzten sie die Gelegenheit, und die Buchstaben, die sie hervorbrachten, waren originell und brauchbar. Es wurde ihnen gesagt, sie könnten mit den Buchstaben tun, was sie nur wollten.

Unvoreingenommen von Erwachsenen-Einflüssen, waren sie frei, ihre eigenen Ideen bezüglich Gehalt und Identität ihrer persönlichen Schrift auszudrücken. Manche brachten bloss einen einzigen Buchstaben zustande, während andere eine ganze Serie entwickelten. Zu einem Alphabet zusammengestellt, wie Maria dies zeigt, würde die Verschiedenartigkeit der einzelnen Zeichen nicht stören. Als Gruppe gewähren sie einen liebenswürdigen Einblick in das Wesen erfundener Formen. Als Initialen oder Monogramme sehen sie erstaunlich vollkommen aus. Das Werk, das Marias Gruppe schuf, zeigt, dass Neunjährige im Rahmen ihrer Fähigkeiten eindrückliche Ergebnisse hervorbringen können. Um dies zu erreichen, müssen sie angeregt werden, den Zugang zu nützlichen Hilfsmitteln und die Möglichkeit zum Experimentieren erhalten.

Die hier gezeigte Arbeit wurde geschaffen, während Maria als Künstlerin in der Ausstellung «Der Geist des Buchstabens» anwesend war. Diese Ausstellung wurde vom Crafts Council von London durchgeführt. Gruppen von Schulkindern (und einige Erwachsene) waren zu Versuchen eingeladen, mit dem Computer Buchstaben zu entwerfen. Später sagte Maria: «Die Kinder gingen die Aufgaben auf verschiedene Weise an. Einige zeichneten ihre Buchstaben, als schrieben sie auf Papier, andere konstruierten sie, als ob sie mit Lego-Steinen arbeiteten. Sie alle genossen es und waren stolz auf das, was ausgedruckt wurde.»

Die technischen Einzelheiten der Computergraphik mögen von System zu System verschieden sein. Maria benutzte einen Apple Macintosh, das Fontastic Plus-Programm und einen Graphikdrucker Writer II. Sie schlug eine einfache, aber geniale Brücke über die Lücke zwischen diesem System und dem, was jüngere Kinder mit oder eben ohne Zugang zu einem Bildschirm erreichen können. Ihre Lösung entstand aus schierer Verzweiflung, wie so viele gute Ideen: Sie musste einen Kurs mit achtzehn Kindern und nur einem Computer halten. Während eines an der Tastatur sass, mussten die andern beschäftigt werden. Deshalb führte sie diese in das einfache Prinzip der Digitalisierung ein.

Maria gab jedem Kind einen dicken Markierstift (Filzschreiber), um damit frei seinen Namen zu schreiben. Dann verteilte sie ihnen kariertes Papier und zeigte ihnen, wie sie ihre Unterschrift auf dem karierten Vordruck in eine elementare «bit-map» (ein Punktmuster) umsetzen konnten. Das Ergebnis wurde auf dem Fotokopierer verkleinert und so eine Computerübung simuliert.

Kalligraphie in der Schule

Schönschreibunterricht sollte in allen Schulen wieder eingeführt werden. Auf dieser Unterrichtsstufe besteht das Ziel nicht in Perfektion, sondern in der Entwicklung des Bewusstseins und der Ermutigung zum Schöpferischen. Man sollte auf der Unterstufe beginnen, wo die Lehrkräfte keine besondere Ausbildung in Kalligraphie benötigen. Alles, was es braucht, ist eine unendliche Begeisterung für die Sache. Jüngere Kinder, bevor sie der Flut an Gedrucktem ausgesetzt sind, der wir täglich begegnen, können beeinflusst werden, ihre eigenen Schriftideen zu produzieren, und wenn man ihnen die Möglichkeit gibt, werden sie die Merkmale ihrer eigenen Schrift mit denen anderer vergleichen und diskutieren.

Manche berufsmässigen Schreiber berichten, dass ihnen das Bewusstsein für Schriftformen schon in einem sehr frühen Alter aufging. So kann eine Lehrkraft kleinen Kindern helfen, ein Interesse zu wecken, welches das ganze Leben hindurch anhalten wird. Im Alter von fünf oder sechs Jahren können Kinder phantasievolle Schlagzeilen produzieren, wenn jedes einen selber verzierten Buchstaben dazu beiträgt. Ich habe auch gesehen, wie kleine Kinder gestickte Buchstaben entwarfen und nähten, die ähnlich aussahen wie mittelalterliche geschmückte Initialen. Collagen mit Buchstaben oder Drucke mit Hilfe von Kartoffelstempeln, Schablonen oder anderen einfachen Techniken erschienen an den Wänden von Klassenzimmern, ohne dass die Lehrkräfte über spezielle Kenntnisse in Kalligraphie verfügten.

Etwas später fügt sich die persönliche Kalligraphie jedes Kindes gut in eine Projektarbeit ein. So wie unsere Schriftformen etwas von uns selbst auf dem Papier widerspiegeln, so enthüllen Schriften aus früheren Jahrhunderten manch Charakteristisches aus früheren Epochen.

Auf welcher Stufe näher auf die Kalligraphie eingegangen werden soll, liegt im Entscheidungsbereich jeder einzelnen Schule. Die Anzahl Lehrerinnen und Lehrer mit der nötigen Ausbildung ist sicher im Steigen begriffen, je mehr Verbreitung Kurse in Kalligraphie in der Erwachsenenbildung finden. Beispiele von Ergebnissen, die auf allen Stufen erreicht wurden, sind auf den folgenden Seiten zu finden. Sie vermitteln viel besser als Worte das Interesse und die Befriedigung, welche darin gefunden wurden.

Diese «Schlange» von Philippa Matthews
war ihr erster und einziger Versuch in Kalligraphie – ein Experiment, das sie im Alter
von vierzehn durchführte. Es ist eine markante Zeichnung in Gelb, Grün und
Schwarz, die ich für die Arbeit einer Fortge-
schrittenen hielt, als ich sie das erste Mal in
ihrer Wohnung sah. Ich vernahm dann,
dass Philippa dort zur Schule ging, wo Peter
Halliday Kalligraphie unterrichtet (s. Seite
82).

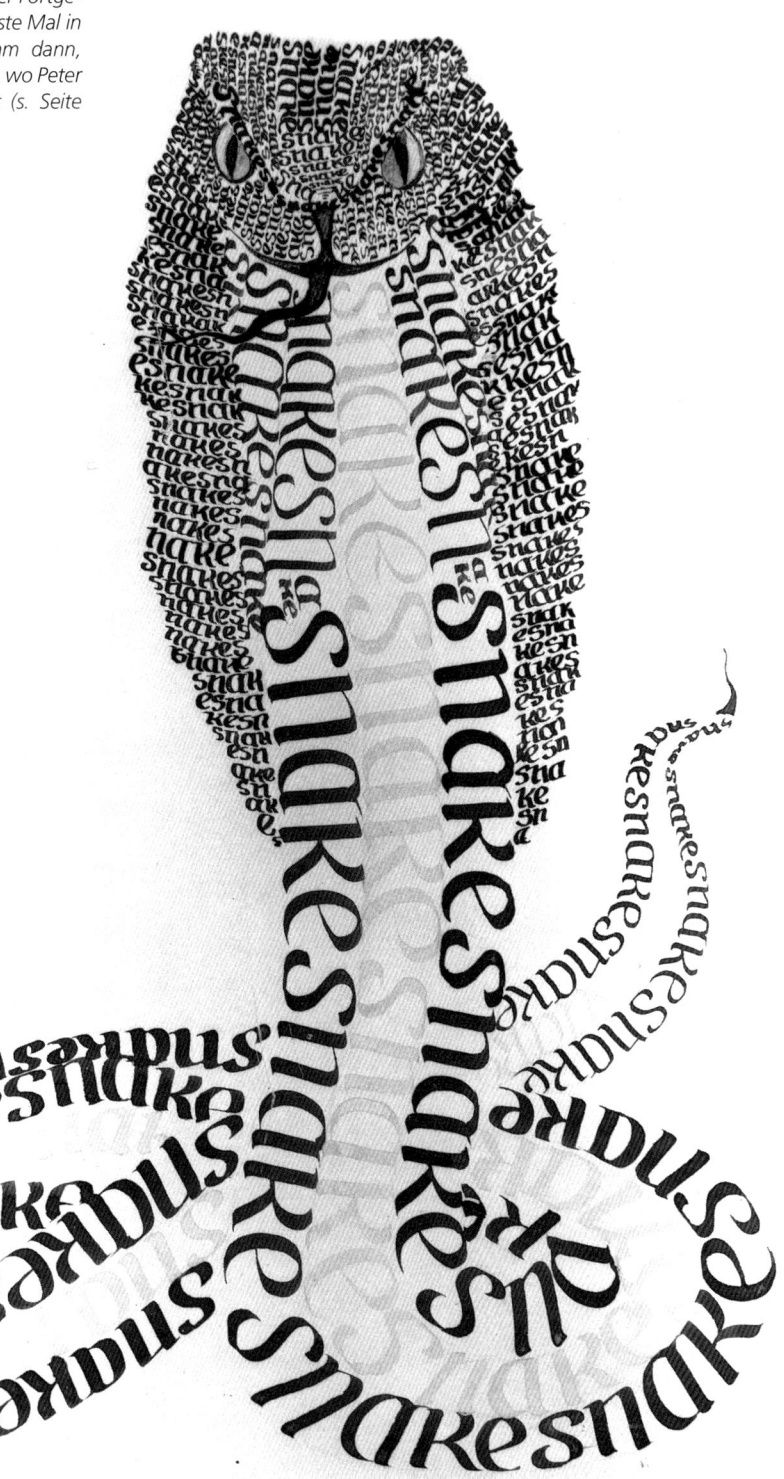

Erste Gehversuche in Kalligraphie

Jeden Tag sind die Kinder allerhand Schriftformen ausgesetzt, von den Strassenreklamen bis zu den Fernsehgraphiken; lange bevor sie beginnen, lesen und schreiben zu lernen. Wenn sie einmal damit begonnen haben, konzentrieren sie sich auf diese eine Schriftform; aber für Versuche mit andern Formen und Schriftverwendungen sollten die kleineren Kinder ermutigt werden, bevor sie zu stark auf die gewöhnliche Schrift eingestellt sind. Kreationen von Kindern brauchen oft – wie wir schon gesehen haben – den Vergleich mit professionellen Arbeiten nicht zu scheuen.

Kinder finden es oft als selbstverständlich, ein Wort wie «Eis» oder «Sonne» in einem Stil zu schreiben, der den Wortbegriff veranschaulicht, oder wenn sie ein Einwickelpapier für etwas entwerfen, das sie besonders gerne essen, tun sie es auf eine Weise, die das ausdrückt, was sie an dieser Speise besonders gut mögen. Dies ist, was manche Typographen als «atmosphärische Werte» der verschiedenen Buchstaben bezeichnen. Für die nächste Stufe mag die Hilfe des Lehrers nötig sein, wenn es zum Beispiel darum geht, passende Buchstaben für einen bestimmten Zeitabschnitt aus der Geschichte zu finden.

Frei geschriebene Buchstaben, aus Papier oder Karton ausgeschnitten und verwendet zur Illustration einer Projektarbeit von Zehnjährigen.

Ausgeschnittene Buchstaben aufgelegt, um einen Kontrast zu Ton und Struktur zu bilden.

72

*Buchstaben, der natürlichen Form mit Kön-
nen angepasst und ausgeschnitten, auf der
Fläche einer Vogelform, unter Verwendung
zweier Töne von gefärbtem Seidenpapier.*

Die Beispiele auf diesen zwei Seiten sind das Werk von Kindern zwischen neun und elf Jahren an der Amherst Junior Schule in Kent, an der die Bedeutung der Schrift und Gestaltung seit vielen Jahren gefördert wird. Ihre alljährliche Ausstellung enthielt schon viele Beispiele ungewöhnlicher Arbeitsmethoden und eindrücklicher Formen der Schriftgestaltung. Patricia Parsons, deren Kinder manches der Beispiele schufen, fühlt sich persönlich stark der Kunst und Gestaltung verpflichtet. Sie fördert in der Schule stark das Bewusstsein um die Schrift. Durch Förderung des Gefühls und des Geschmacks für jede einzelne Aufgabe bezüglich Form, Struktur, Farbe und Technik ermutigt sie die Kinder, stolz zu sein auf das, was man am besten als «graphische Darstellung» nennt. Die Kinder, welche diese Art erleuchteter Einführung genossen, erkennt man meist an ihren Schreibarbeiten, weil diese so gut gestaltet sind. Dies ist nur ein einziger der Vorteile aus der Politik, Kinder in frühem Alter schon in die Schreibkunst einzuführen.

73

Das Alphabet zum Leben erwecken

Bei Kindern fällt es sehr leicht, das Interesse für die Geschichte der Buchstaben und des Schreibens überhaupt zu wecken. Oft sind es die Erwachsenen, die der Schrift gegenüber gleichgültig sind und die Faszination dessen, was ihnen zur Selbstverständlichkeit geworden ist, nicht mehr zu erkennen vermögen. In einem Versuch, dieser Nachlässigkeit abzuhelfen, gab ich einige Kurse für Lehrkräfte, die zum Ziel hatten, Schulkinder im Herstellen von Schreibzeug und in die praktischen Arbeiten einzubeziehen. Dies rief nach dem Studium der Schrift und deren Gebrauch in der Geschichte unter Berücksichtigung ihrer Bedeutung und ihres Einflusses auf die heutigen handgschriebenen und gedruckten Schriften. Das daraus gewonnene Wissen kann bei Projektarbeiten jeder Art angewandt werden.

So wurde im Klassenzimmer gearbeitet: Die natürlichen Grundstoffe, die im Altertum zum Schreiben benutzt wurden, wie etwa Ton, Kreide und Holzkohle, sind immmer noch erhältlich. Anderes geschichtliches Referenzmaterial kann normalerweise in Lokalbibliotheken, Museen oder Schulmaterialzentren gefunden werden. Ein Projekt wie dieses erfordert recht viel Vorbereitung. Schulen können die Arbeit über ein ganzes Quartal oder Semester ausdehnen. Meine Bemühungen mussten sich notgedrungen auf einzelne Tage beschränken; sie waren so organisiert, dass möglichst viele Schüler teilnehmen konnten. Ich arbeitete gewöhnlich mit Doppelklassen – etwa fünfzig Kinder auf einmal – im Alter von sieben bis neun.

Das Geheimnis des Erfolgs lag im Aufteilen der Kinder in Gruppen, nach einer kurzen Einführung in diese eher ungewöhnliche Teilnahme an der Geschichte des Schreibens. Dies bedeutete, dass die Kinder die Epoche wählen konnten, an der sie teilhaben wollten, und sie konnten auch ziemlich frei in der Runde herum wechseln.

Die Themenauswahl:

1. Sumer und Keilschrift
2. Ägypten und Hieroglyphen
3. Römische Kapitalis und Ziffern
4. Die mittelalterlichen Schriften
5. Die Erfindung des Buchdruckes
6. Das viktorianische Klassenzimmer
7. Ein Blick auf andere Schriftsysteme
8. Moderne Kalligraphie

Ashurbanipal, König von Assyrien, dargestellt als Korbträger, 668 v. Chr.

1. Sumer und Keilschrift

Die Schrift hat ihren Usrprung in und um Sumer im Alten Mesopotamien, ca. 3000 v. Chr. Die einfachen Tontafeln, welche die Bauern in der fruchtbaren Gegend zwischen den Strömen Tigris und Euphrat verwendeten, um die Bestände ihrer Herden auf dem Weg zum Markt aufzuschreiben, wurden zu komplizierten Siegeln und Täfelchen entwickelt und wahrscheinlich zum komplizierten Schriftsystem, das unter dem Namen Keilschrift bekannt ist.

Modellierton ist an den meisten Schulen erhältlich, oder, falls in der Gegend eine natürliche Tongrube vorhanden ist, würde ein Besuch derselben der Studie eine weitere interessante Dimension verleihen. Modellierwerkzeuge können als Annäherung zum Griffel gebraucht werden, der verwendet wurde, um die charakteristischen keilförmigen Eindrücke zu erzeugen. Falls die Zeit reicht, können die Kinder ihre eigenen Griffel herstellen.

Die sonnengetrockneten Tontäfelchen, wie sie die Sumerer verwendeten, überlebten die Zerstörung ihrer Städte durch Feuer – sie wurden im Gegenteil durch das Brennen noch beständiger. Funde der Keilschrift, die erst vor relativ kurzer Zeit entziffert wurde, enthalten «Schulhefte» und Schreibübungstäfelchen. Heutige Kinder können dadurch gewahr werden, was Jahrtausende zuvor in Schulen behandelt wurde. Sie werden staunen, wie ähnlich manche Lektionen waren.

Wiedergabe, wie sumerische Bauern fünf Schafe und fünf Ziegen durch Eindrücke im weichen Ton angeben konnten.

Der Versuch der zehnjährigen Sophie Lovett, die Keilschrift nachzuahmen

75

2. Ägypten und Hieroglyphen

Nur wenige Kinder können sich der Anziehungskraft der Hieroglyphen entziehen. Man kann Bücher beschaffen, um Kindern zu zeigen, wie sie ihren Namen in Hieroglyphenform schreiben können. Dies ist nur ein Weg, ihnen dieses System zu erklären. Die Lehrerin hätte zu entscheiden, wie detailliert ein Gebiet zu behandeln ist, aber es gibt viele Ideen, die hier eingebracht werden können, wie etwa der Zusammenhang von vorhandenen Materialien mit der Entwicklung eines Kommunikationssystems. Die moderne Verwendung von Piktogrammen (Bildzeichen), z.B. als Strassensignale, ermöglicht die Verbindung zur Vergangenheit, sie zeigt, wie mit leichtverständlichen Zeichen die Sprachgrenzen durchbrochen werden können – eine Idee für ein besonderes Projekt.

Militärische Schreiber auf einem altägyptischen Relief im Grab des Horemheb zu Saccara, 14. Jahrhundert v. Chr.

3. Römische Kapitalis und Ziffern

Gewöhnlich denken wir an die römische Kapitalis im Zusammenhang mit in Stein eingemeisselten Inschriften. Die exakte Form vieler römischer Buchstaben gibt die Gelegenheit zu besprechen, wie das Schreibwerkzeug die Buchstabenform beeinflusst. Dies führt zu einer Erklärung des Unterschiedes zwischen den Grossbuchstaben, die vorwiegend aus geraden Strichen, die leicht eingemeisselt werden können, bestehen und den kleinen Buchstaben, die dazu entwickelt sind, «leicht der Linie entlang zu laufen». Jeder Zweifel kann entkräftet werden durch Demonstrieren des Einschneidens einfacher Buchstaben in weichen Ton, Holz, Polystyrolschaum usw. Wenn Blöcke von Salz oder Kalk in der Gegend erhältlich sind, sind solche vorzuziehen, weil diese besser zur Idee passen, dass die Völker die Materialien aus ihrer Umgebung verwendeten. Je beständiger das Material, desto mehr davon überlebte bis in unsere Zeit und liefert uns Unterlagen für das Studium der Vergangenheit.

Römische Ziffern können ein kleines Projekt für sich sein; sie können wie die Grossbuchstaben in Tontafeln eingeschnitten werden, um in Stein gehauene Schriften zu simulieren, oder sie können in Holz gebrannt oder gekratzt werden.

Eingeschnittene römische Buchstaben und Ziffern an einem Grabdenkmal, 3. Jahrhundert n. Chr.

POPIDIVM·IV
AED·CRESCENS·
IMPROBVS·

Beispiele von römischer Kapitalis Rustika und Kursivschrift

Die Römische Kursive zeigt, wie sich die Buchstaben nach und nach zu einer frei geschriebenen Schrift entwickelten. Kinder mögen es interessant finden, die Spuren zu den Originalen einiger unserer Buchstaben in der späteren Römischen Kursiven zu verfolgen. Trotzdem werden sie beim Entziffern dieser Schrift vermutlich Hilfe benötigen.

Weil Britannien einst Teil des Römischen Reiches war, ist vieles überliefert und wird in nationalen und lokalen Museen an archäologisch bedeutsamen Orten, wie am Hadrians-Wall, aufbewahrt. Kirchhöfe und andere Orte, an denen in Stein eingehauene Buchstaben gefunden werden, sind eine gute Ergänzung zu dieser Einführung. Grabsteine können – mit Erlaubnis – eine Quelle zum Durchpausen sein. Dies bringt lokale Geschichte zum Leben.

Graffiti, alte und moderne, können auch studiert werden. Es gibt Beispiele von eingekritzelter Schrift an den Wänden von Pompeji aus dem 1. Jahrhundert n. Chr. wie auch in unserer städtischen Umgebung. Trotzdem ist nicht zu empfehlen, dies zu praktizieren.

4. Die mittelalterlichen Schriften

Es ist relativ einfach, die Idee des Lebens in einer klösterlichen Schreibstube (Scriptorium) aufleben zu lassen – mit oder ohne Verkleidung. Zugeschnittene Federn (oder gerade ungeschnittene) als Kiele sind ideale Schreibwerkzeuge. Eine Schule fand ein altes Rezept und braute in den naturwissenschaftlichen Fächern eine selbstgemachte Tinte. Jede Sorte verkohlten Materials kann als Grundstoff für diesen Zweck verwendet werden (und wurde verwendet).

Ein Schreiber des 15. Jahrhunderts bei der Arbeit, von einem Manuskript abschreibend.

77

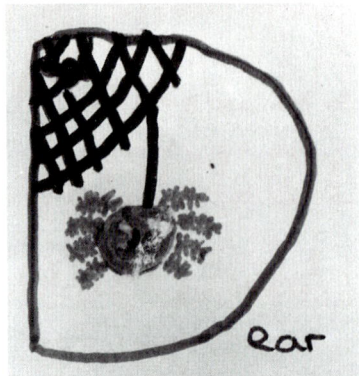

Eine Initiale aus dem 14. Jahrhundert aus dem Carlisle Charter (unten) und zwei neue Beispiele verzierter Initialen von Kindern aus der Edenbridge Middle School, Kent.

Die meisten Kinder freut das Abzeichnen von illuminierten (geschmückten) Initialen, und es gibt davon eine grosse Auswahl. Abgesehen vom Schreiben rein dekorativer Initialen, bezogen mittelalterliche Schreiber oft Figuren und Szenen aus dem zeitgenössischen Leben mit ein. Die Gestaltung einer einzelnen Initiale – vielleicht das moderne Leben widerspiegelnd – kann eine echte Befriedigung geben. Während meiner Kurse musste den Kindern oft von ihren Lehrern angegeben werden, wer am Ende der Sitzung aus dem «Scriptorium» auszuscheiden hatte. In einem solchen Kurs ermutigte Kinder können gut ein bleibendes Interesse für Kalligraphie entwicklen.

5. Die Erfindung des Buchdrucks

Das Innere einer Druckerei des 16. Jahrhunderts, aus einem Stich, erschienen 1568

Die Hauptfaszination liegt auf der Geschwindigkeit des Druckens und darauf, wie diese Erfindung die Verbreitung des Buches und der Bildung beeinflusste. Jede Form des Druckens kann angewandt werden, vom Kartoffelstempel oder einer selbsthergestellten Schablone zu beweglichen Lettern.

Sie können dies ausdehnen bis zu den modernen Techniken der Verwendung von Fotokopierern oder des Einscannens in Computer, wenn vorhanden. Der Besuch in der Druckerei einer Lokalzeitung ist immer ein erfolgreicher Tag, und das neue Wissen kann für die Produktion eines eigenen Neuheitenblattes auf dem Textverarbeitungssystem der Schule angewandt werden. Dann können Sie vergleichen, wieviel Zeit benötigt wird, um eine Seite zu setzen und zu drucken, oder um eine Seite von Hand zu schreiben.

Sie können die missliche Lage der Schreiber heraufbeschwören, welche ihre Stelle verloren. Wahrscheinlich verwendeten einige ihre Ausbildung, um an Schulen, die sich rasch zu vermehren begannen, und in Privathäusern als Schreiblehrer zu wirken. Eine Gelegenheit für ein Gruppenprojekt: Ihre Kinder als Schreibmeister des 16. Jahrhunderts!

6. Das viktorianische Klassenzimmer

Arbeiten mit Kreide auf Schiefer.

write

Ein geschriebenes Wort zeigt, wie ein Kind sich mit dem Alphabet der englischen Schreibschrift grosse Mühe gab.

7. Ein Blick auf andere Schriftsysteme

Eine Schulstunde in englischer Schreibschrift im 19. Jahrhundert kann mit Hilfe einiger weggelegter Dachschieferplatten oder Platten aus dem Ersatzmaterial dafür und einigen Kreiden wieder aufleben. Die langsamen, rhythmisch sich wiederholenden Übungen sind nötig, um die schwierigen Buchstaben perfekt einzuüben; sie bringen den Kindern nahe, wie der Schwerpunkt im Unterricht sich verlagert hat. Wir achten weniger auf Präzision und Perfektion, sondern brauchen mehr Zeit für kreatives Arbeiten. Es mag Sie erstaunen, wieviele Kinder die Disziplin des Abschreibens englischer Handschrift aus dem Vorlagenbüchlein gerne mögen.

Aim at improvement in every line.

Ein Beispiel aus «The Universal Penman», gestochen 1743 von George Birkham, wird hier verglichen mit drei Zeilen eines Kinder-Übungsheftes von 1852.

Quarrelsome persons are dangerous
Quarrelsome persons are dangerous
Quarrelsome persons are dangerous

Chinesische und arabische Zeichen sind in vielen Städten anzutreffen, aber was wissen wir über ihre Handschriften? Wir leben in einer Gesellschaft mit vielen Kulturen, und es ist Zeit, dass wir Schriftsysteme ausserhalb dem lateinischen zu studieren und achten beginnen; nicht nur zum Entdecken der Einzelheiten ihrer Buchstaben, sondern auch um zu sehen, welchen Stellenwert die Schrift in anderen Kulturen hat: oft einen viel höheren als in der unsrigen. Schulen mit Studierenden oder Lehrkräften, welche Arabisch, Chinesisch, Hebräisch oder ein anderes Schriftsystem benutzen, sind Glücksfälle. Multikulturelle Studien konzentrieren sich gerne auf Musik oder andere Lebensbereiche; aber sie vergessen die Schrift, die sehr eng mit der Geschichte verbunden ist. Das Thema Schrift eignet sich gut als Ausgangspunkt zu einer Studie. Ein Beispiel eines muslimischen Gebets, im frühen neunzehnten Jahrhundert in die Umrisslinien eines Falken geschrieben, wird links gezeigt. Handschrift und die Einstellung zur Schrift allgemein zeigen den Aufgang und Niedergang von Zivilisationen, und sie widerspiegeln die Prioritäten im Bildungs- und Sozialsystem einer bestimmten Periode. Die Buchstaben einer bestimmten Ära zu studieren und zu wiederholen, lässt Geschichte nachfühlen.

8. Wie Graphiker die Schriftkunst heute benutzen

In jedem meiner Kurse übernahmen die Mitglieder dieser Gruppe die Rolle von Graphikern, die eigene Entwürfe für Verpackungen und Reklamen produzieren. Erwachsene wie Kinder müssen wissen, wie die Aufmerksamkeit der Leute manipuliert werden kann. Die Buchstabenformen, die Farben und die Art, wie sie angeordnet werden, vermitteln verschiedene Eindrücke, sie beeinflussen uns so, wie die Werbefachleute dies wollen. Kinder erkennen das schnell. Sie können entweder ein Buch mit Schriftmustern oder Buchstaben nach ihrer eigenen Vorstellung verwenden, um eine bekannte Etikette, ein Einwickelpapier oder einen Fernsehtitel wiederzugeben.

Paul, 9-jährig, schuf die oben stehende Zeichnung als Grundlage für einen Einwickler, der den Schokoladestengel-Zug begleiten soll. Er benutzte die Schriftausbildung, die er in der Schule erhalten hatte.

Wenn alle oben beschriebenen Kategorien in einem Tag behandelt werden mussten, blieb bloss ein kurzer Augenblick für all die Möglichkeiten, welche jedes Thema eigentlich bot. Sogar dann zeigte das Echo bei Lehrern und Schülern, dass diese Methode, den Buchstaben zum Leben zu erwecken, auf ihr Verhältnis zur Schrift einen Einfluss ausübte. Sogar jemandem, der mit den einbezogenen Personen nicht vertraut war, wurde klar, dass besonders die Kinder mit Lernproblemen oft am eifrigsten bei diesen historischen Aktivitäten mitwirkten. In diesen praktischen Kursen wurde das Schreiben und die Geschichte auf eine Art lebendig, die das Interesse von Schülern packte, die kurz vorher dafür kein Gefühl hatten.

Teil einer Ausstellung von Arbeiten von Kindern an der Edenbridge Middle School, die sie während ihres Tages «Das Alphabet zum Leben erwecken» vollbracht hatten. Die lokale Bibliothek und das Schulmaterialzentrum stellten Bücher und anderes Material zur Verfügung. Die sorgfältige Vorbereitung durch Martin Garwood und Mitglieder des Lehrkörpers halfen sicherzustellen, dass die Aktivitäten dieses Tages nicht nur den Teilnehmern Nutzen brachten, sondern ebenso den übrigen dieser Schule.

Junge Menschen und Kalligraphie

Ernsthafte Arbeit ist in der Schule mit Kindern, die das Alter von elf oder zwölf Jahren erreicht haben, möglich. Dies ist die Zeit, um das visuelle Unterscheidungsvermögen zu schulen. Dies geschieht gewöhnlich in den Kunstfächern, muss sich aber nicht darauf beschränken. Die enge gegenseitige Abhängigkeit des Wortes mit seiner Bedeutung kann durch gleichzeitige Anwendung der passenden Schrift verstärkt werden. Auch die Wahl eines bestimmten Mediums hängt mit der Sprache und der Ausbildung in der Muttersprache zusammen. Eine bestimmte Art der Darstellung kann Poesie und Prosa beeinflussen. Auf diese Weise lässt sich das Thema «Kalligraphie» in manches Gebiet des Lehrplanes einführen.

Eine Schule kann ein Mitglied im Lehrkörper haben, das fähig und willens ist, einen Kalligraphieclub zu betreuen. Dies kann eine Lehrkraft für Kunstfächer oder Muttersprache sein; aber auch jemand mit historischer Ausbildung und Interesse für Paläographie und Schriftentwicklung könnte diese Gruppe betreuen. Es wäre auch denkbar, dass die Lehrkraft für Holz- oder Metallwerkunterricht ein Interesse an der Gestaltung dreidimensionaler Buchstaben hätte. Eine Lehrkraft für Gestaltung sollte nebst den üblicheren Disziplinen wie Töpfern und Weben auch die Kalligraphie für ein wichtiges Thema halten.

Denkbar wäre auch der Besuch bei einem Buchantiquar oder einem Schriftenmaler, um den Funken der Freude an hübschen Buchstaben entzünden zu lassen. Kalligraphie ist keinesfalls die ganze Geschichte, und die Annäherung an dieses Thema sollte nicht so eng gefasst sein, dass nur die Handschrift darin Platz findet, damit keine Schüler abgeschreckt werden. Wie gewisse Kinder vom einen oder andern Musikinstrument angelockt werden, so werden andere mit einem instinktiven Gefühl für Schriftformen, vom Aussehen der Buchstaben angezogen. Die Schüler sollten deshalb in eine grosse Vielfalt von Schriften und ihre Verwendung eingeführt werden, so dass potentielle Schriftgestalter und Graveure, aber auch angehende Graphiker und Typographen daran Interesse finden. Wie beschrieben, kann eine Schriftstudie vom Prüfungsfach bis zu einem Klassenprojekt reichen; oder sie kann zu einem kreativen Ventil für solche mit körperlichen Problemen oder Lernschwierigkeiten werden.

Teenagern Kalligraphie beibringen

Peter Halliday ist ein früherer Vorsitzender der Gesellschaft der Schreiber und Illuminatoren. Als Vorsteher der Kunstabteilung der John Taylor High School in Staffordshire ist er einer der wenigen vollamtlichen Kalligraphielehrer auf höherer Stufe, der sich systematisch mit der Materie befasst; nicht nur um seinen Schülern eine Quelle der Freude zu verschaffen, sondern als fester Teil ihrer künstlerischen Ausbildung und als Teil der Prüfung.

Ob Teenager sich freuen, Kalligraphieunterricht zu bekommen? Nach Peter Hallidays Erfahrung finden sie es spannend und anregend – das besondere Aussehen der Wörter scheint ihnen Tür und Tor zu öffnen, um ihre Gefühle und Gedanken zusammenzuführen. Für ihn war der Kalligraphieunterricht für Vierzehn- bis Achtzehnjährige schon immer ein Teil der Ausbildung in Kunst und Gestaltung. Es gab nie einen Grund zur Einschränkung. Viele, die sich zu Kalligraphieversuchen entschlossen, stellten fest, dass sie, obwohl im Zeichnen mangelhaft, hier eine schlummernde Fähigkeit für Kunst und Gestaltung freisetzten. Einige blieben dabei und ergriffen eine Karriere in der Kunst.

Angesichts der Disziplin, mit der Kalligraphie verbunden werden muss, könnte man sich entmutigen lassen, sagt Peter Halliday. Aber die Faszination beim Schreiben, beim Zusehen, wie die Buchstaben aus der Feder fliessen, überwindet bald jeden Gedanken, Kalligraphie sei «zu hart» oder brauche zuviel Zeit. Trotzdem hielt er es für wichtig, daran zu erinnern, dass mehr die Freiheit, die die Feder geben kann, betont werden muss und nicht die erforderliche Disziplin.

Nach einer Zeit des Ausprobierens einer Tauchfeder werden seine Schüler eingeführt in die Strukturen und Abgrenzungen des Alphabets und des kalligraphischen Stils. Dann gehen sie Buchstabe um Buchstabe durch das ganze Alphabet. Wenn sie alle Buchstabenformen eingeübt haben, wenn auch noch nicht perfekt, führt er das Konzept des Übertragens einer Idee in eine kalligraphische Form ein, um ein «Kalligramm» zu erzeugen. Diese Wortbilder führen in Gesichtspunkte wie Lesbarkeit, Verzerrung, Abstände und Farbgebung ein. Es ist auf dieser Stufe üblich, dass die Schüler, die die Disziplin zu wechseln wünschen, dies auch tun können. Vorstellungsvermögen und ein gewisser Grad an Umsetzungsfähigkeit müssen vorhanden sein, um vereinfachte und abstrahierte Bilder aus Wörtern zum gewählten Thema zu gestalten. Auf nebenstehender Seite werden zwei Beispiele mit den Namen «Portrait» und «Feuer» gezeigt. Sie wurden nach drei Doppellektionen in wöchentlichem Abstand geschaffen.

Was folgt, ist ein stetiger Fortschritt in Gestaltung und Darstellung, das Lernen verschiedener Schriftstile und eine Einführung in weitere Anwendungen der Kalligraphie und des Schriftmalens. Viele Arbeiten von berühmten Kalligraphinnen und Kalligraphen werden studiert, und es wird dazu ermutigt, ihnen nachzueifern. Zum Experimentieren wird ebenfalls angeregt, nicht mit Betonung auf «das schaffst du nicht», sondern auf »probier, ob du's kannst«.

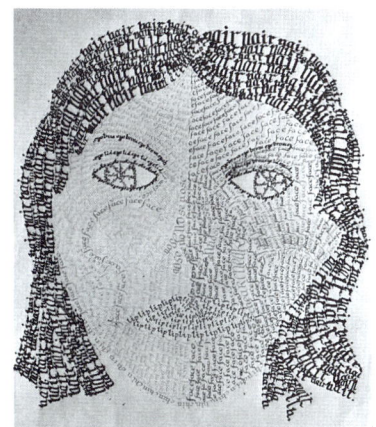

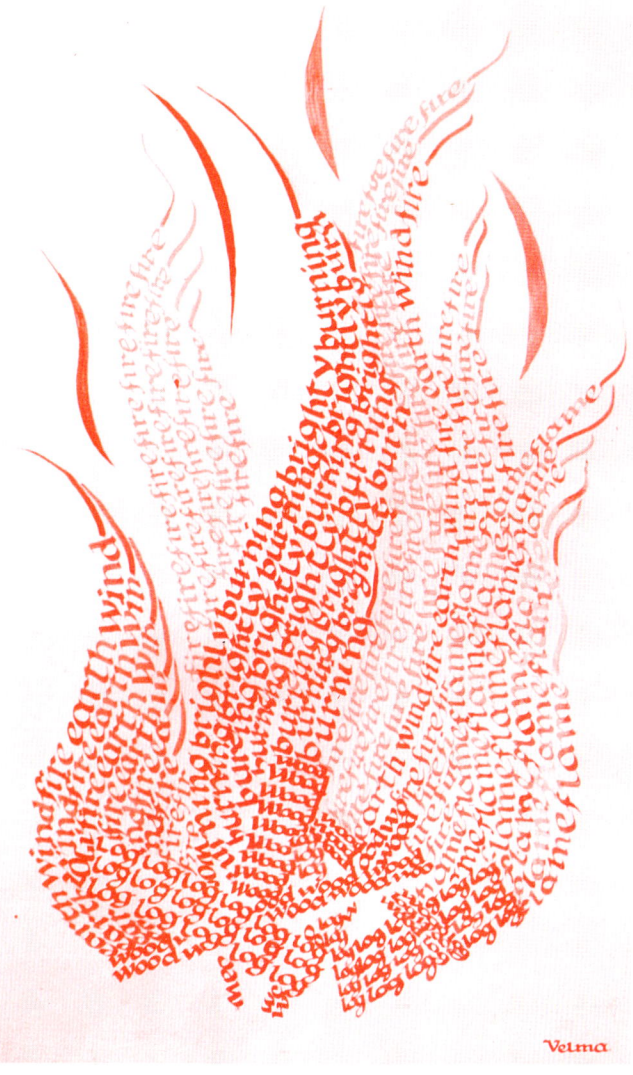

Verschiedene Tönungen und Kurven deuten die Flamme von Velma Hill's «Feuer» an.

Zwei Versionen von «Portrait» von Sophie Smith.

Vom sechzehnten Altersjahr an können sich Peter Hollidays Schüler auf Kalligraphie und Schriftmalen spezialisieren, allerdings immer noch im Rahmen der Ausbildung in Kunst und Gestaltung. Zeichnen *und* Schreiben der Römischen Kapitalis werden dann im Detail studiert. Das Verständnis für die Römische Kapitalis und ihre Beziehung zur Schriftgestaltung ist von grundlegender Bedeutung für das Verständnis der historischen Entwicklung. Viele der Studentenarbeiten auf dieser Stufe basieren auf der Erweiterung ihres eigenen Wahrnehmungsvermögens bei der Arbeit und auf dem Suchen nach dem historischen Hintergrund der geschriebenen und gedruckten Kommunikation.

«His whist» wurde mit Deckweiss auf dun-kelgrünes Papier geschrieben. Dazu ver-wendete Liz Harvey Rundschriftfedern. Der Baum wurde «gemalt», indem durch einen Strohhalm auf noch nasse Farbe geblasen wurde, um den Spitzeneffekt zu erzeugen.

hist whist
little ghost things
tip—toes
twinkle—toes

little twitchy
witches and tingling
goblins
hob—a—nob hob—a—nob

little hoppy happy
toad in tweeds
tweeds
little itchy mouses

with scurling
eyes rustle and run and
hidehidehide
whisk

whisk look out for the old woman
with the wart on her nose
what she'll do to yer
nobody knows

for she knows the devil ouch
the devil ouch
the devil
ach the great

green
dancing
devil
devil
devil
devil

WheeEEE

Poem by E. E. Cummings
written out by Madeline Hill

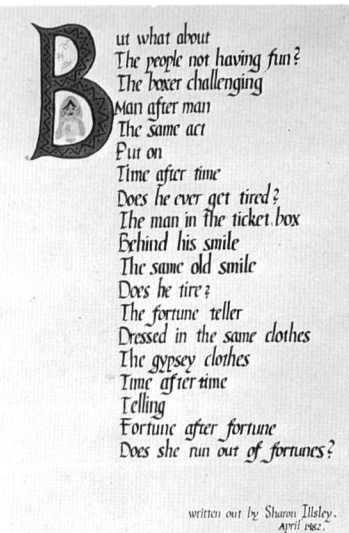

But what about
The people not having fun?
The boxer challenging
Man after man
The same act
Put on
Time after time
Does he ever get tired?
The man in the ticket box
Behind his smile
The same old smile
Does he tire?
The fortune teller
Dressed in the same clothes
The gypsey clothes
Time after time
Telling
Fortune after fortune
Does she run out of fortunes?

written out by Sharon Illsley.
April 1982.

Für «But what about» schrieb Sharon Illes-ley die Worte mit Rundschriftfeder und chi-nesischer Tusche auf cremefarbiges Papier. Die Initiale wurde mit deckender Farbe ge-malt.

Gegenüber:
Hazel Wilson schrieb den Text von «maggie and milly and molly and may»mit Rund-schriftfedern und Deckweiss auf einen Wasserfarbe-Grund, basierend auf Studien und Experimenten, um einen Perlmuttef-fekt, wie man ihn bei manchen Meermu-schelschalen beobachtet, zu imitieren.

Im Anschluss an das Kalligramm wird den Schülern als Erweiterung ihrer Arbeit im Zeichnen und Malen Gelegen-heit geboten, einen literarischen Text auszuwählen, ihn zu schreiben und nach eigenem Geschmack zu verzieren. Man-che der Schüler ziehen es vor, ihre eigenen Gedichte und Prosastücke zu verwenden. Die zwei gezeigten Beispiele entstanden etwa sechs Monate nach der ersten Einführung in die Kalligraphie nach sechs wöchentlichen Lektionen, in denen sie ihr Werk entwickelten und verfeinerten mit Farb-zugaben und Schriftgrössen sowie verschiedenen Papieren – darunter einigen gefärbten. Als Teil des Gestaltungspro-zesses ist die ständige Verbesserung der Buchstabenformen jedes einzelnen Schülers wichtig für seine gesamte Ausbil-dung.

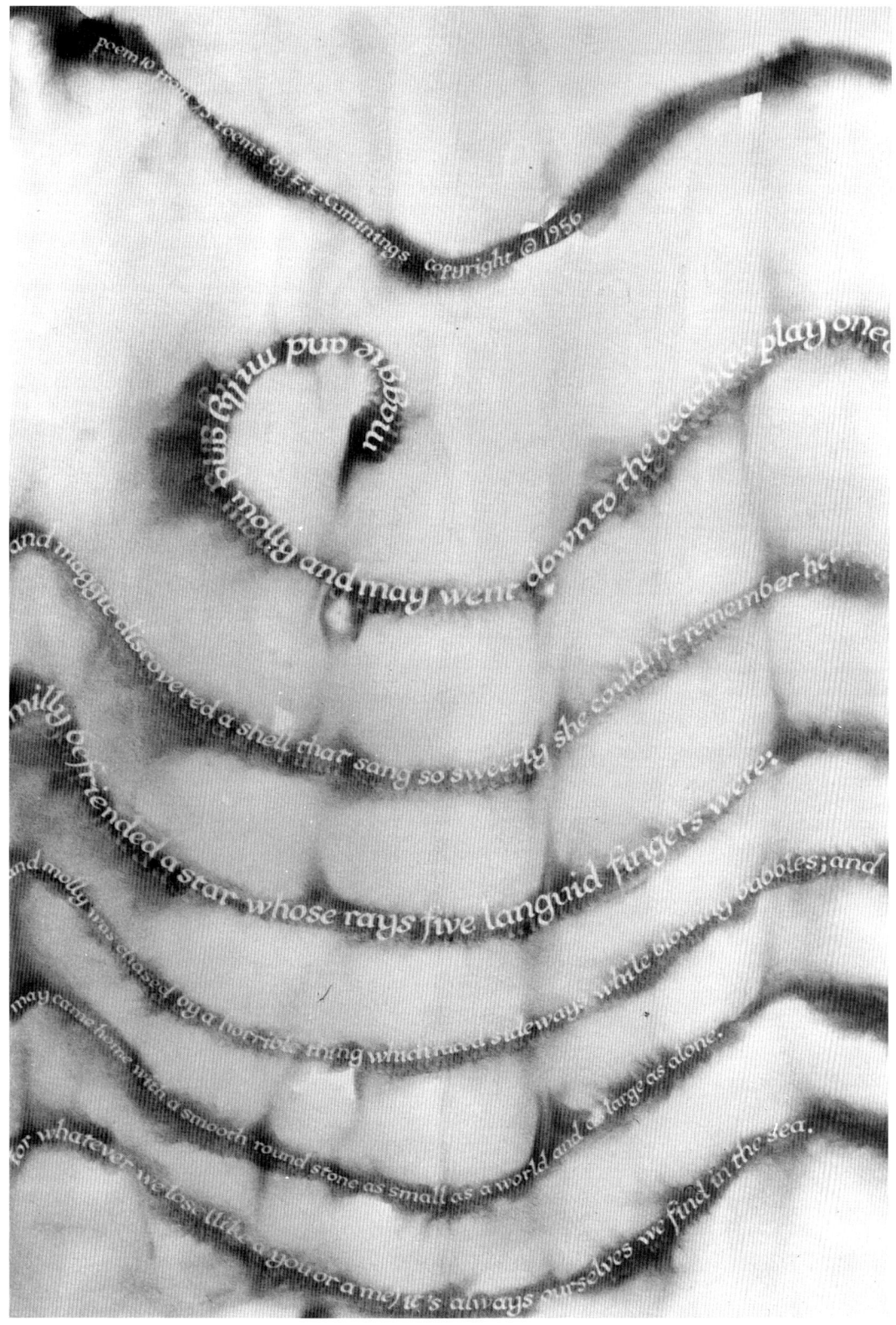

poem to ... poems by e e cummings copyright © 1956

maggie and milly and molly and may went down to the beach (to play one d

and maggie discovered a shell that sang so sweetly she couldn't remember h

milly befriended a star whose rays five languid fingers were;

and molly was chased by a horrible thing which raced sideways while blowing bubbles; and

may came home with a smooth round stone as small as a world and as large as alone.

for whatever we lose (like a you or a me) it's always ourselves we find in the sea.

Arbeiten über Themen, die von den Schülern im zweiten Jahre ihrer Kunst- und Gestaltungskurse gewählt wurden.

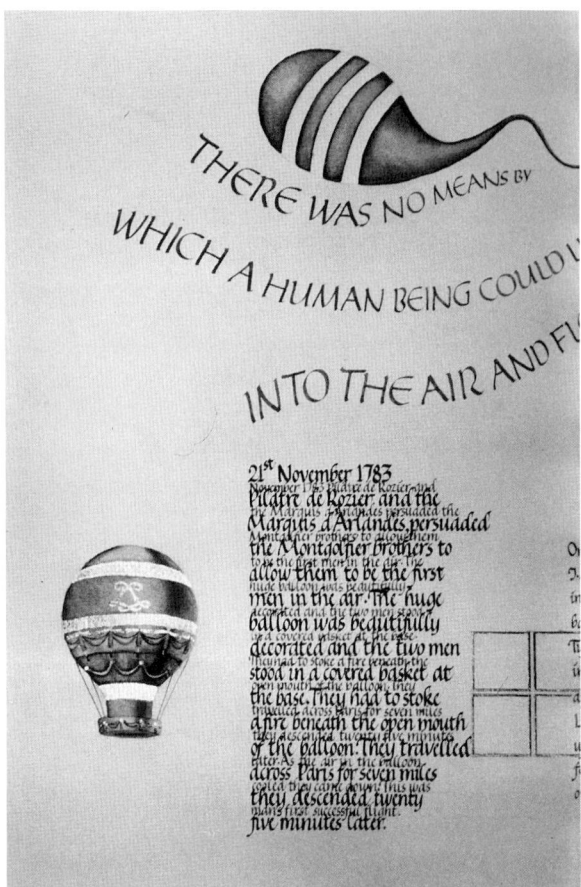

THERE WAS NO MEANS BY WHICH A HUMAN BEING COULD U INTO THE AIR AND FL

21st November 1783
Pilâtre de Rozier and the Marquis d'Arlandes persuaded the Montgolfier brothers to allow them to be the first men in the air. The huge balloon was beautifully decorated and the two men stood in a covered basket at the base. They had to stoke a fire beneath the open mouth of the balloon. They travelled across Paris for seven miles and they descended twenty five minutes later.

«Ballone» (Detail) von Tracy Allanson und «Ian Botham» von Allison Ravenhall. Beide benutzten Rundschriftfedern, Chinesische Tusche, Wasserfarbe und Blattgold auf handgeschöpftem Papier.

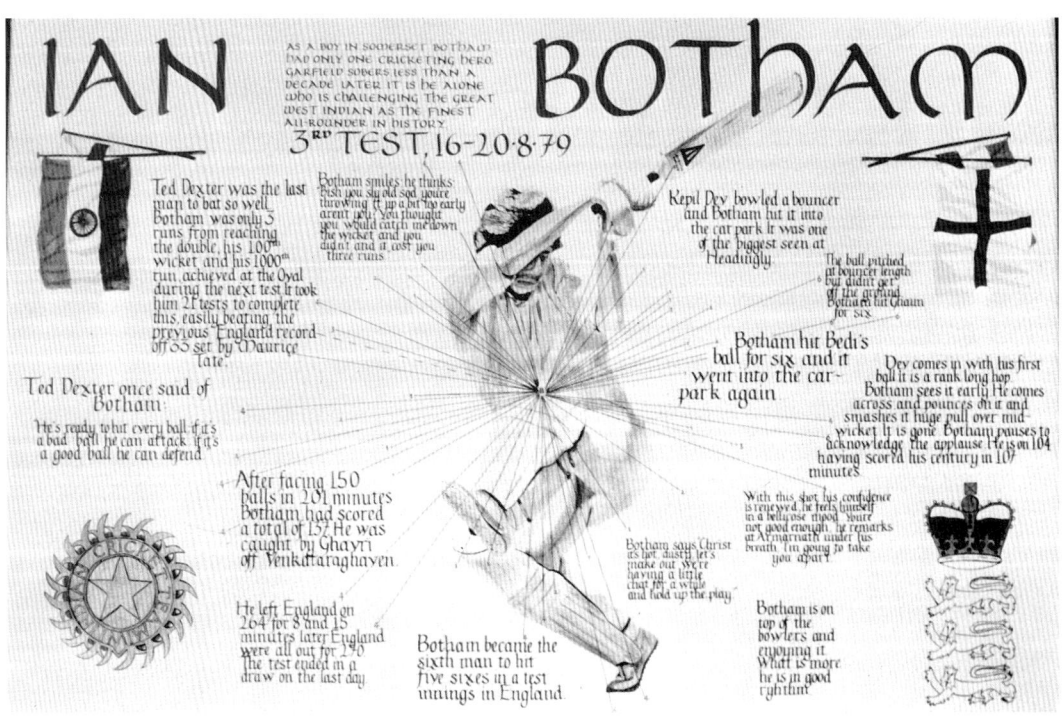

IAN BOTHAM

AS A BOY IN SOMERSET BOTHAM HAD ONLY ONE CRICKETING HERO. GARFIELD SOBERS LESS THAN A DECADE LATER IT IS HE ALONE WHO IS CHALLENGING THE GREAT WEST INDIAN AS THE FINEST ALL-ROUNDER IN HISTORY

3RD TEST, 16-20·8·79

Ted Dexter was the last man to bat so well Botham was only 3 runs from reaching the double, his 100th wicket and his 1000th run achieved at the Oval during the next test It took him 21 tests to complete this, easily beating the previous England record off 33 set by Maurice Tate.

Botham smiles he thinks You sly old sod you're throwing it up a bit too early aren't you? You thought you would catch me down the wicket and you didn't and it cost you three runs

Kapil Dev bowled a bouncer and Botham hit it into the car park it was one of the biggest seen at Headingly.

The ball pitched at bouncer length but didn't get off the ground. Botham hit it again for six.

Botham hit Bedi's ball for six and it went into the car-park again

Dev comes in with his first ball it is a rank long hop. Botham sees it early He comes across and pounces on it and smashes it huge pull over mid-wicket It is gone. Botham pauses to acknowledge the applause He is on 104 having scored his century in 107 minutes.

Ted Dexter once said of Botham:
He's ready to hit every ball if it's a bad ball he can attack if it's a good ball he can defend

After facing 150 balls in 201 minutes Botham had scored a total of 137 He was caught by Ghayri off Venkataraghaven

Botham says Christ it's hot dusty, let's make out We're having a little chat for a while and hold up the play

With this shot his confidence is renewed, he feels himself in a bellrose tripod You're not good enough, he remarks at Arunnath under his breath I'm going to take you apart.

He left England on 204 for 8 and 15 minutes later England were all out for 290 the test ended in a draw on the last day

Botham became the sixth man to hit five sixes in a test innings in England.

Botham is on top of the bowlers and enjoying it What is more he is in good ryththm

86

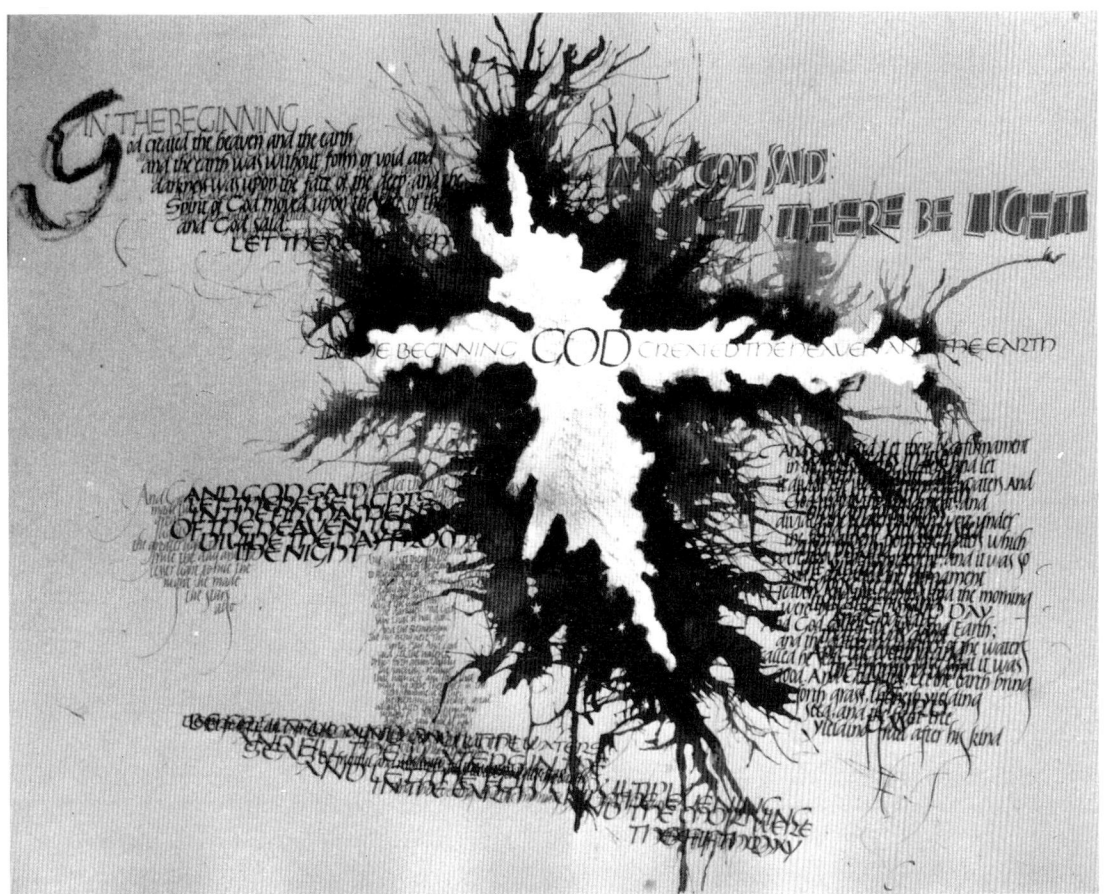

Für «Am Anfang» schrieb Joanne Upton mit Rundschriftfedern und chinesischer Tusche ihre Wortkombination unter Verwendung von erhabenem und poliertem Gold und Wasserfarbe auf handgeschöpftem Papier.

Schüler, die sich im Alter von 16 Jahren entschliessen, die Ausbildung für zwei weitere Jahre fortzusetzen, werden ermutigt, im zweiten Jahr ein grosses Projekt zu bearbeiten. Solche Projekte können sich neben andern Arbeiten über drei, vier Monate hin erstrecken. Jeder Schüler muss über das gewählte Thema recherchieren und den Text, der darin vorkommen soll, selbst verfassen. Das illustrative Element ist zu vergleichen und zu gestalten, und die Gesamtdarstellung wird in einer Serie von Collagen entwickelt, bis die endgültige Form erreicht wird. Bei der Ausführung des Projektes sollen die Schüler fühlen, dass sie völlig vertraut sind mit den wichtigen kalligraphischen Schriftarten, welche sie befähigen, kombiniert mit ihrer eigenen schöpferischen Ausbildung, die kompliziertesten Darstellungen zu meistern.

Ein Kalligraphiekurs für 8-jährige

Einige der Buchstaben eines ganzen Alphabets, das von einer Klasse achtjähriger Kinder produziert wurde, dargestellt als Einzelbuchstaben auf einem einheitlichen Liniennetz, das x-Höhe, Ober- und Unterlängen vorgab.

Phil Baines ist ein Graphiker, der sich hauptsächlich mit Typographie beschäftigt. Seine erste Erfahrung im Unterrichten von Kindern sammelte er in einem dreitägigen Kurs für Achtjährige. Das Ergebnis bestand in einem Schriftsatz für Anschriften in der ganzen Schule. Die Vorübungen bestanden in der Herstellung einer Collage von ausgeschnittenen Buchstaben aus Zeitungen und Unterhaltungsmagazinen. In der nächsten Stufe wurde den Kindern die Gestalt, die Schwerpunkte und Proportionen ins Bewusstsein gebracht. Am Ende des ersten Tages malte jedes Kind einen Buchstaben nach freier Wahl. Dann folgten Übungen, um die Formendetails und die Faktoren, welche die Leserlichkeit beeinflussen, kennen zu lernen. Daraus wurde klar, wie wir am meisten Informationen über einen Buchstaben bekommen, um ihn zu identifizieren, nämlich aus dem oberen Bereich. Dies war eine eindrückliche Einführung in die Schriftgestaltung, sie könnte von wesentlichem Einfluss sein, wie die Kinder inskünftig ihre eigene Handschrift sehen werden.

Für die Hauptarbeit wurde den Kindern ein Liniennetz gegeben, das die x-Höhen, die Ober- und Unterlängen markierte (siehe Beispiele auf den Seiten 30–39). Obwohl dies eine Übung war, welche Disziplin erforderte, entstanden dabei recht lebendige und hübsche Buchstaben, die für Anschriften in der Schule zusammengestellt und verwendet wurden.

Die Lehrerinnen und Lehrer planten, auf den Arbeiten aus diesen drei Tagen aufzubauen; sie hatten vor, ein «Markenzeichen» für die Schule, eine Schlagzeile oder eine Buchhülle zu gestalten.

Weitere anspruchsvolle Projekte zielten auf das Giessen von Initialen in Gips und den Entwurf eines Alphabets, das entweder in der kleinstmöglichen Grösse verwendet werden könnte, oder so gross, dass es aus einer Distanz von 10 m noch lesbar wäre. Die Verfolgung der zweiten Idee verwandelte sich in die Frage der Lesbarkeit. Die «Gestalter» hatten Fragen über die Lesbarkeit ihrer Buchstaben zu beantworten, dann hatten sie zu entscheiden, wie sie den Erfolg des fertigen Alphabetes sicherstellen konnten. Die Versuche warfen Fragen auf wie: Wieviele Personen sind für eine sichere Beurteilung erforderlich; wieviele Wörter müssen getestet, wie der Test durchgeführt werden; und schliesslich: Welche andern Einflüsse können sich auf das Testergebnis auswirken? Die Kinder hatten auch Fragen zu entscheiden wie z. B.: Wie gross sollen die Buchstaben gewählt werden, soll mit grossen begonnen werden, die man verkleinert oder *umgekehrt*. Ferner ob die Farbe und das benutzte Medium einen Unterschied ergeben.

Anschriften im Bereiche der Schule, zusammengestellt aus einzelnen Buchstaben aus dem Alphabet der Kinder. Sie stehen über den Türen der Klassenzimmer und tragen die Namen der Lehrer(innen).

Zwischen Phil Baines' Annäherung als Graphiker und den Ideen der Lehrer für die Forsetzung der in diesem Kurs aufgenommenen Ideen wurde ein guter Ausgleich gefunden. Manche Aufgaben konzentrierten sich auf das engere Gebiet des Scharfsinns und der Exaktheit des Schriftgestalters, während andere auf Beobachtungen in Situationen des praktischen Lebens und auf einfache Forschungsaufgaben erweitert wurden. Dies ist nun ein anderer Weg zur Entdeckung der Buchstaben; einer, der sich von der Kunst bis zum Handwerk erstreckt, um eine grössere Gruppe von Kindern zu erreichen und sie zum Verständnis der Bandbreite von Schrift und Schriftgestaltung zu führen.

Kalligraphie als Therapie

Kalligraphie ist nicht nur für diejenigen, die bewusst ein kreatives «Ventil» suchen, noch sollte ihre Anwendung auf Perfektionisten beschränkt sein. Sie kann einen besonderen therapeutischen Wert in der Rehabilitation besitzen. Der Akt des Schreibens allein entfaltet meist eine beruhigende Wirkung. Dazu kann eine persönliche Befriedigung und eine Steigerung des Selbstvertrauens kommen. In manchen Fällen hilft sie auch, Handschriftprobleme zu überwinden.

Ich verbrachte einen Morgen mit einer Gruppe von Teenagern mit besonderem Unterstützungsbedürfnis an der Underdale-Schule in Südaustralien. Andrew und Kosta waren zwei unter ihnen. Ihr Lehrer, Howard MacPherson erklärte, wie der Kurs ihnen geholfen hat: Andrew, der an den Folgen von Verletzungen durch einen Unfall litt, hatte Lernschwierigkeiten. Ihm wurde schon bei seiner Handschrift geholfen; aber er hatte keine Möglichkeit gehabt, selbständig zu arbeiten, verschiedene Werkzeuge zu benutzen, mit verschiedenen Geschwindigkeiten und in unterschiedlichen Grössen zu schreiben, in einer Situation, in der er die Exaktheit, Form und sicherlich den Inhalt vergessen konnte.

Kosta, sagte der Lehrer, würde seine Feder in das Blatt stechen und die Seite in ein Meer von Wellenbergen und -tälern, gefüllt mit Tinte, verwandeln. Beim Wenden des Blattes könne man seine Buchstaben fast wie bei der Blindenschrift ins Papier geprägt abtasten. Er schreibe auch schmerzlich langsam. Als ich Howard MacPherson ein Jahr später zufällig traf, waren die Nachrichten über die Fortschritte der beiden Jungen sehr ermutigend.

Während meines Kurses hatte kaum eine Möglichkeit bestanden, mit etwa 30 Schülerinnen und Schülern und nur wenigen Stunden eine Arbeit zu beenden. Deshalb war ich sehr befriedigt, als ich David Holgate traf und hörte, wie er mit Gefühl und Begeisterung über seine Kurse sprach, die er mit schwierigen Teenagern abgehalten hatte, und mir Beispiele seiner Arbeit mit ihnen zeigte.

Andrew produzierte diese Weihnachtskarte. Seine ungewöhnlichen Buchstabenformen trugen zum interessanten Aussehen bei.

Kosta sagte, in der Vergangenheit hätte nie jemand seine Handschrift gelobt. Trotzdem sieht seine frei geschriebene Unterschrift so gut aus, dass er sie auf ein T-shirt drucken lassen konnte (die Originalschrift war deutlicher als diese hier).

Behinderten Schülern helfen

Die Schüler mit besonderem Unterstützungsbedürfnis nahmen teil an David Holgate's dreitägigem Arbeitskursus am St. Vincent Sixth Form College in Gosport, Portsmouth. Alle waren sechzehn oder älter; sie litten an verschiedenen Beschwerden, von Langsamkeit beim Lernen bis zu organischen Hirnschädigungen. Er schrieb:«Ich war sehr beschäftigt damit, ein Lernverfahren zu entwickeln, das jedem Schüler angepasst wäre und das die verschiedenen Behinderungen berücksichtigen würde. Das Projekt müsste wohl sehr umfassend sein. In diesem Falle müsste ein ‹lineares› Lernprogramm zum Scheitern verurteilt sein. Nach langem Überlegen entschloss ich mich, einen Versuch einzubauen, der schon lange in meinem ‹Hinterkopf› vorhanden war.

Wir alle wissen aus Beobachtung unserer selbst und anderer, dass der grösste Irrtum uns überkommt, wenn wir uns vor einer neuen, anspruchsvollen Aufgabe fürchten. Die einzige Wahl besteht darin, sich für die Aufgabe einzusetzen, bis die Angst auf ein Niveau abgesunken ist, das man als ‹voll beansprucht› bezeichnen kann. Weil man sich seiner Grenzen bewusst ist, verstärkt sich die anfängliche Angst, oft bis zum Punkt, an dem selbst eine einfache Aufgabe eine übermässige Beanspruchung vortäuscht, aus der eine ungebührliche Angst erwächst. Seit Jahrhunderten gibt es dagegen ein Volksheilmittel: Einen ständigen Rhythmus ‹zähl' den Kahn› oder ‹heb die Last›. Wer sich auf Kalligraphie spezialisiert, ist sich voll bewusst, dass man für die Ausführung ein ausgeprägtes Gefühl für Rhythmus besitzen muss, um regelmässig und ausgeglichen Strich und Zwischenraum wechseln zu lassen; dies ist wichtig, um ein ästhetisch befriedigendes Aussehen eines Schriftstückes zu erreichen.

Ich begann damit, den Schülern aus einigen der wunderbaren und spannenden Momente in der Schriftentwicklung zu erzählen. Ich glaube fest daran, dass beim Lehren entscheidend ist, im Sinne eines Wunders über das zu behandelnde Thema zu berichten. Eine kurze verdichtete Geschichte über die westlichen Schriften von den frühesten Kommunikationsformen über einige der bedeutendsten ‹Erfindungen› erneuern jedesmal meinen eigenen Enthusiasmus, der umgekehrt junge Zuhörer auf die Fortsetzung neugierig macht.

Ich betonte in meinem Vortrag die entscheidende Bedeutung des Taktes in der Musik. Die Längen der Noten und der Pausen dazwischen ist ein Teil des kreativen Aktes in der Musik, gleichbedeutend mit den Proportionen der Buchstaben und der Zwischenräume beim Schönschreiben. Ich konnte dies mit den mitgebrachten Musikinstrumenten vorführen, indem ich darauf spielte, währenddem ein Trommelinstrument automatisch den Takt schlug. Durch das Ziehen

Dieser Junge war in der Erholung von einem schweren Unfall. Das Rundum-Alphabet, das er produzierte, war für ihn ein Triumph über seine beschränkten Bewegungsmöglichkeiten. Das Blatt wurde gedreht, um ihm beim Schreiben der grossen Buchstaben behilflich zu sein.

Eine ausgeschnittene Zeichnung mit spiegelbildlich angeordneten Buchstaben kann mit einem doppelt gefalteten Blatt hergestellt werden. Nach dem Entfalten kann das vollständige Bild auf Karton mit einer Kontrastfarbe geklebt und ausgestellt werden. Eine Serie von Zeilen mit gegenständigen Buchstaben (gegenüberliegende Seite), auf ähnliche Weise hergestellt, vor einem Vorhang aufgehängt und von hinten beleuchtet, macht einen markanten Eindruck.

Die Stärke und Qualität der von den Schülern erzeugten Buchstaben widerspiegelt den Grad an fachgerechter Führung, welche erfahrene professionelle Lehrer wie David Holgate boten.

von Parallelen zwischen sichtbarer ‹Musik› des Schreibens und hörbarer Musik kann man ein stabileres Gerüst des Verstehens bauen.

Nun könnte eine praktische Tätigkeit unternommen werden:

Unter Begleitung eines Rhythmus ab Platte, der den Schülern bereits bekannt ist, einfache Markierungen machen. Es traten eine Anzahl sehr positiver Punkte zutage:

1. Die Aufgabe verlangte ein tiefes Niveau der Konzentration.
2. Es war ein starker Geist der *Gruppen*arbeit zu spüren – eine konzentrierte Annäherung an die gleiche Aufgabe.
3. Sehr geringe Ablenkung von der Aufgabe. Die übliche Unterhaltung und Zerstreuung im Klassenzimmer waren durch den unaufhörlichen Rhythmus stark eingeschränkt.

Die Schwierigkeiten waren:

1. Nach etwa einer Stunde fanden die assistierenden Personen und ich den Hintergrundlärm allmählich zu aufdringlich.
2. Andere Lehrer in der Schule wollten unbedingt hineinsehen und sich den Aktivitäten anschliessen.

Diese Annäherung könnte als ein ‹Leerlauf› gesehen werden, aber die Leistungen der Schüler, einige mit schweren Behinderungen, strafen diese Ansicht Lügen. Ein junger Mann, der an einer Hirnschädigung als Folge eines Strassenverkehrsunfalles litt, und der unfähig war zu schreiben, machte am zweiten Projekttage zum grossen Erstaunen der andern Schüler Fortschritte im Schreiben; zugegebenermassen mit sehr grossen Buchstaben. Als die Fähigkeiten, zu einem Rhythmus Markierungen zu machen, deutlich besser waren und man einen Fortschritt in der Steuerung der Bewegungen erkennen konnte, hatte ich das Gefühl, die Schüler sollten nun ihre erworbenen Fertigkeiten und das Verstandene in einer vollständigen Arbeit anwenden. So wurde der letzte Tag dazu verwendet, um ein Alphabet zu entwerfen und aufzuschreiben, jedes gemäss seinen persönlichen Gegebenheiten. Einige Beispiele dieser Arbeiten werden hier gezeigt. Sie illustrieren, wie auch schwerbehinderte Schüler rasche Fortschritte machen können, wenn man ihnen einen starken Ansporn und kräftige Hilfe bietet.»

Kalligraphie im Studium

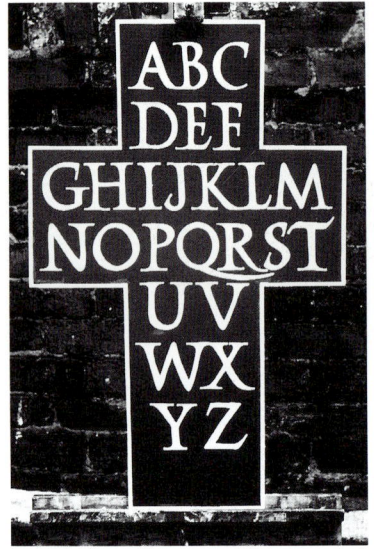

Eine ehrliche Antwort auf den Auftrag: eine hübsche Schrift und ein guter Umgang mit den Gestaltungsregeln.

Buchstaben als Früchte an einem Baum.

Ziemlich schlanke Buchstaben, kombiniert mit einer guten Darstellung. Die Idee stammt vom Schüler.

In einer Zeit, in der viele Schulen jede Anleitung zum formalen Zeichnen und Schreiben aufgegeben haben, in der Meinung, solche Disziplinen seien nicht mehr nötig, seit es Abreibebuchstaben und allerhand einfache Schriftreproduktionsverfahren gebe, bestand Derek Benny, früher langjähriger künstlerischer Leiter der Ipswich Kunstschule, darauf, trotz eines bereits dichtgedrängten Lehrplanes Zeit für ein fortgesetztes Studium der klassischen römischen Schrift zu finden. David Holgate wurde angefragt, wöchentlich einen Tag an die Schule zu kommen, um den Schülern Unterricht in der Geschichte der Schriftstile zu geben. Die zugrundeliegende Idee war, die dabei erworbenen Kenntnisse würden allenthalben ein besseres Wissen für den Umgang mit Schriften bringen, in welcher Form und mit welchen Medien auch immer. Dieses wurde erreicht, indem zuerst über die Entwicklung der Schrift in ihren frühesten Formen bis zum Aufkommen der römischen Kapitalis und die besonderen Auswirkungen in der Geschichte gesprochen wurde.

Die Wiederentdeckung der griechischen und römischen Zivilisation in der Epoche der Rennaissance gab dem Interesse an den römischen Schriften einen neuen Impuls. Oft führte der Weg zu einer Fehlinterpretation der Art, wie die Buchstaben geformt wurden. Daraus entstanden langweilige, mathematisch exakte Formschablonen und ebenso langweilige und geistlose Lernmethoden. Diese Konzepte und Methoden hielten sich überraschenderweise in Europa bis in unsere Tage. Das Anleitungsbuch «The Origin of the Serif: Brush Writing & Roman Letters» (1968) von Edward Catich mit seiner systematischen Darlegung der Bedeutung des Pinsels als kreatives Schreibzeug in der römischen Zeit hat dies alles verändert. Mit einem meisselförmigen Pinsel sind die Schüler bald in der Lage zu begreifen, wie man einen Buchstaben formt. Eine Technik, die viel Praxis erfordert.

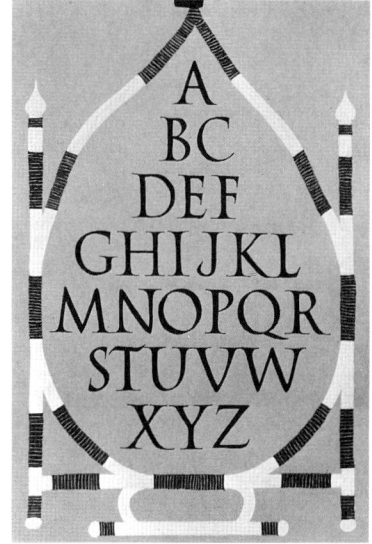

Ein Beispiel des Bemühens um Originalität, einem wichtigen Kennzeichen vieler Arbeiten von Erstjahr-Studenten.

Auf hübsche Art verstandene römische Kapitalis in ungewöhnlicher Gesamtaufmachung

Obwohl die meisten Schüler in der beschränkt zur Verfügung stehenden Zeit nicht zu tüchtigen Schriftmalern werden konnten, gewannen sie doch genügend Fähigkeiten, um manche recht gut gelungene römische Kapitalis-Buchstaben zu malen, die nicht den geistlosen Eindruck einer geometrischen Konstruktion hinterliessen. Fünf sehr typische Antworten auf die Aufgabe «Entwerfe ein Alphabet unter Verwendung klassischer römischer Buchstaben», ausgeführt etwa in der Hälfte des ersten Studienjahres, sind hier dargestellt. Weder die besten noch die schlechtesten Beispiele aus mehreren hundert Arbeiten, die über eine Anzahl Jahre entstanden sind, wurden abgebildet; aber sie zeigen doch einen beträchtlichen Grad an Verständnis für das «Fliessende» eines ursprünglichen römischen Buchstabens, und dass es einen persönlichen Spielraum im Formen eines «guten» Buchstabens gibt. Man vergleiche z. B. die verschiedenen Versionen von «R» oder «S» in den hier gezeigten Beispielen.

David Holgate's Erfahrung ist ein klarer Beweis, dass die Anwendung der Kalligraphie nicht nur den «Künstlertypen» und denen mit Höchstleistungen vorbehalten ist. Sie kann vom Prüfungsobjekt in Kunst und Gestaltung bis zu einem Projekt für die ganze Klasse reichen, sie bildet auch ein kreatives Ventil für solche, die an einem körperlichen Problem oder an Lernschwierigkeiten leiden. Das Entdecken und Entwickeln von Buchstabenformen ist somit für alle Kinder und Jugendliche von Nutzen, ohne Rücksicht auf deren intellektuelle Fähigkeiten. Sie können als einzelne oder als Gruppenmitglieder in den Geist der Materie eindringen, und ihre besten Anstrengungen werden ihnen vermutlich mit Stolz auf das Erreichte in Erinnerung bleiben.

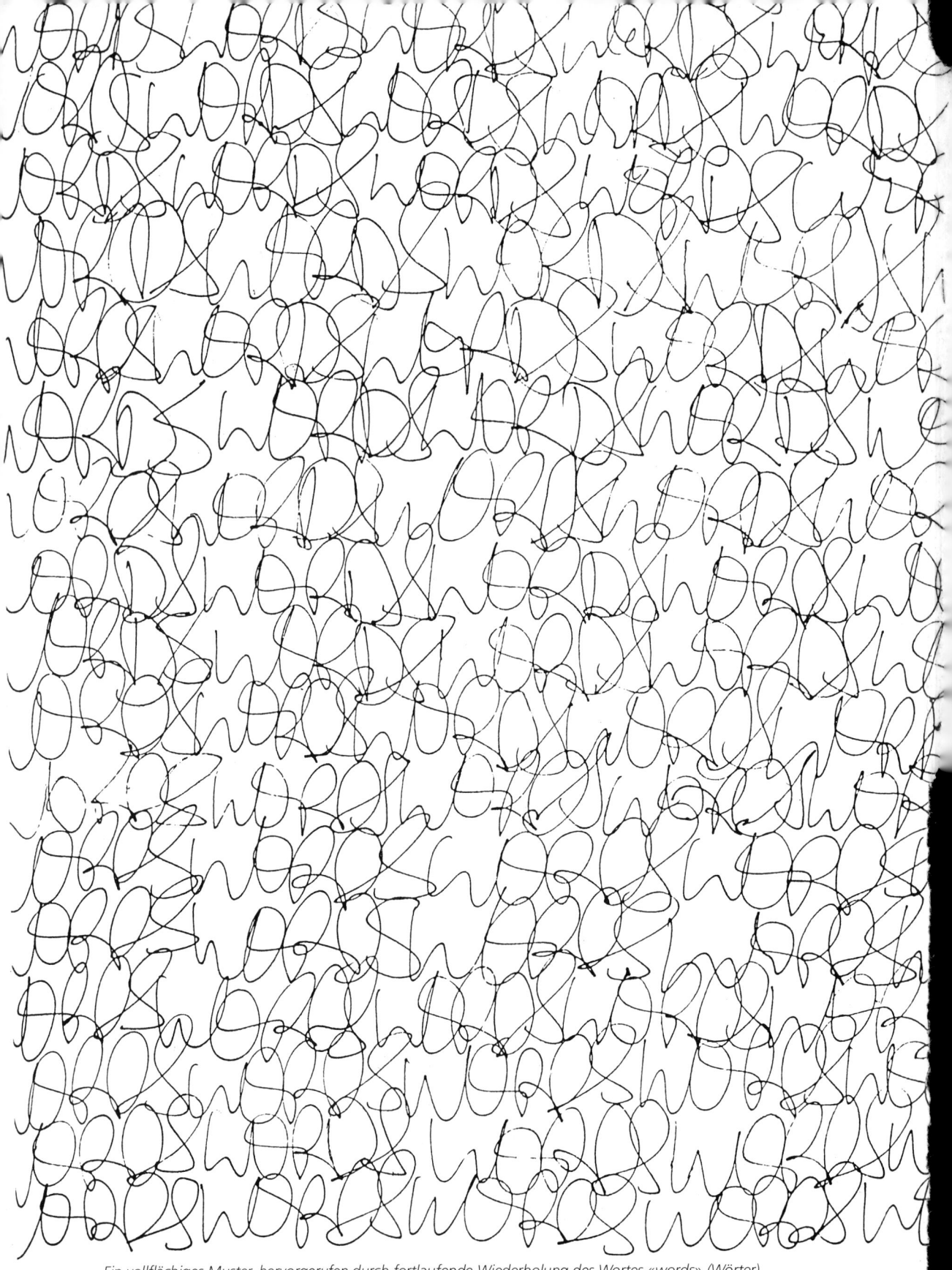

Ein vollflächiges Muster, hervorgerufen durch fortlaufende Wiederholung des Wortes «words» (Wörter).